POLARIS

HEDVIG MONTGOMERY

Die Hedvig-Formel für glückliche Kleinkinder

Aus dem Norwegischen von Nina Hoyer

ROWOHLT POLARIS

Die norwegische Originalausgabe erschien 2019 unter dem Titel
«Barnhage ålderen» bei Pilar Forlag AS, Oslo.

Deutsche Erstausgabe
Veröffentlicht im Rowohlt Taschenbuch Verlag, Hamburg, September 2019
Copyright der deutschsprachigen Ausgabe © 2019 by Rowohlt Verlag GmbH, Hamburg
«Barnhage ålderen» Copyright © 2019 Hedvig Montgomery & Eivind Sæther
Redaktion Ulrike Gallwitz
Covergestaltung und -abbildung: Hauptmann & Kompanie Werbeagentur, Zürich,
folgend dem Design von Hedvig Montgomery & Eivind Sæther 2018,
«Die Hedvig-Formel für eine glückliche Familie»
Satz Dörlemann Satz, Lemförde
nach der Originalausgabe
Druck und Bindung GGP Media GmbH, Pößneck, Germany
ISBN 978-3-499-00022-5

INHALT

7 ..... Ihr Kind
11 ..... Eine neue Welt eröffnet sich

19 ..... **SIEBEN SCHRITTE**
21 ..... ① Die Bindung
37 ..... ② Tiefe Gefühle
63 ..... ③ Seine Verhaltensmuster überdenken
93 ..... ④ Grenzen und Konsequenzen
119 ..... ⑤ Die Beziehung bewahren
141 ..... ⑥ Wenn es zu Krisen kommt
161 ..... ⑦ Das Kind loslassen

178 ..... **WICHTIGE THEMEN**
180 ..... Der Kindergarten
199 ..... Geschwisterstreitigkeiten
223 ..... Ernährung
235 ..... Schlaf
249 ..... Soziale Medien und Bildschirmzeit
262 ..... Trennung und geteiltes Sorgerecht
271 ..... Über alles reden
287 ..... Was tun bei besonderen Schwierigkeiten?
298 ..... Ein Ausblick
300 ..... Ein Dankeschön
303 ..... Eine kleine Literaturliste

IHR KIND

Kinder im Alter von zwei bis sechs Jahren machen tiefgreifende Veränderungen durch. Je älter Kinder dieser Altersgruppe werden, umso stärker treten die Unterschiede zwischen ihnen zutage. Manche Schulanfänger gehen schon allein nach Hause und bereiten sich selbst eine Mahlzeit zu, während andere noch Hilfe beim Toilettengang brauchen. Manche kennen noch keinen einzigen Buchstaben, andere lesen komplette Bücher. Das macht es einerseits schwierig, einzuordnen, in welcher Entwicklungsphase sich das Kind gerade befindet, ist andererseits aber auch nicht ausschlaggebend. Wesentlich ist nur, dass Sie immer versuchen zu ergründen, wo Ihr Kind im Moment steht. Die existierenden Unterschiede werden sich bald angleichen. Stellen Sie sich entsprechend auf Ihr Kind ein, so haben Sie schon einen wesentlichen Schritt getan, um Ihrer Elternrolle gerecht zu werden.

So verschieden, wie sich Familie heute gestaltet, so verschieden sind auch die Herangehensweisen in der Organisation des Familienalltags. Nicht alle Eltern können oder wollen ihre Kinder beispielsweise in eine Kindertagesstätte geben. Wie genau Ihre Familie und Ihr Leben aussieht, spielt keine Rolle, solange Sie ein funktionierendes System haben. Dieses Buch soll Ihnen dabei helfen, Ihrem Kind in den nun folgenden Jahren, die von lebhafter Phantasie, Gefühlstumulten und starken Veränderungen geprägt sind, angemessen gerecht zu werden, und Ihnen nützliche Hilfsmittel im Umgang mit dem Kind an die Hand geben.

Denn seien Sie versichert: In dieser Altersgruppe wird Ihnen das Elternsein mehr abverlangen, als es bisher der Fall war.

Wie auch immer Ihre Familie sich zusammensetzt – ob Sie alleinerziehend sind oder Sie zu zweit für eine Schar Geschwister und Halbgeschwister sorgen: Kinder zu haben heißt, den richtigen

Zugang zu ihnen zu finden und sich individuell auf sie einzulassen und gleichzeitig sicherzustellen, dass die Kinder sich untereinander verstehen.

Sie als Eltern müssen den Rahmen für Ihr Dasein als Familie vorgeben und müssen auf die so wichtige emotionale Bindung zwischen sich und den Kindern achtgeben.

Eine Sache sollten Sie sich bei allem, was Ihnen in den nächsten Jahren widerfährt, klarmachen – wenn Tränen fließen, bei freudigem Lachen, bei Schürfwunden, gemeinsamen Lesestunden und durchwachten Nächten:

Ihr Kind braucht eines mehr als alles andere – Ihr Kind braucht *Sie*.

Viel Vergnügen bei der Lektüre!
Hedvig Montgomery

EINE NEUE WELT ERÖFFNET SICH

Die Kleinkindjahre bedeuten eine Zeit großer Veränderungen – eine Art Entdeckungsreise für uns Menschen. Unser Blickwinkel weitet sich, wir sehen nicht länger nur das Konkrete, unmittelbar vor uns Liegende, sondern blicken in die Unendlichkeit. Wir durchlaufen eine Entwicklung von unserer kleinen Familie hin zu einer großen Gemeinschaft. Bewegen uns vom Kleinen hin zum Großen. In diesen Jahren werden Sie als Eltern miterleben, wie Ihre Kinder zunehmend aufblühen und selbständig werden und irgendwann einfach rufen: «Ich bin fertig, Mama!»

Während Ihre Zweijährige es für das Größte hält, alles nachzuahmen, was Sie tun, sitzt Ihr Fünfjähriger nur wenige Jahre später unter der Treppe in einem ausgedachten Segelboot und nimmt Kurs auf die Welt.

Auf einmal sind der Phantasie keine Grenzen mehr gesetzt – Dächer und Wände hören auf zu existieren, und plötzlich scheinen einem die Sterne zum Greifen nahe.

Diese wahnwitzige Entwicklungsreise machen alle Kinder durch, sie ist als Samenkorn in jedem Menschen angelegt. Es ist ein Versprechen für uns alle: Auch Ihnen wird sich eine neue Welt eröffnen.

Kaum etwas festigt meinen Glauben an die Menschheit so sehr wie ein fünf Jahre altes Kind. Hat das Kind sich erst einmal auf die Reise begeben, gibt es kein Halten mehr. Und genau an diesem Punkt – an dem sich der Horizont weitet und verschiedene Perspektiven sichtbar werden – wird ein Großteil seines Wesens gebildet und es zeichnet sich ab, was für ein Mensch einmal aus ihm werden wird.

Diese entscheidenden Jahre sind die Grundlage für alles, was das Kind über das Leben lernen muss, jetzt geht die Saat auf. Ein Fünfjähriger ist noch vollkommen offen und unvoreingenommen. Deshalb sollten Sie nie zu ihm sagen, dass er dieses oder jenes so nicht machen kann oder dass eine Sache unwahrscheinlich klingt.

Die Zukunft hält noch genügend Wahrscheinlichkeitsrechnungen, Gegenwind und zu schwierige Hausaufgaben für die Kinder bereit.

Lassen Sie aus dem Samenkorn eine kräftige Pflanze erwachsen – mit Unternehmungsgeist und Optimismus, mit allem, was nötig ist, um die Welt zu einem besseren Ort zu machen. Dürfen Kinder spielen und in ihre Phantasien eintauchen, lernen sie, Teil einer Gemeinschaft zu sein, mit Regeln umzugehen und nach Positivem zu streben. Wenn Sie Ihrem Kind geben, was es wirklich braucht, wird es das bemerken – und dann trägt das Segelboot Sie alle in die weite Welt hinaus.

Die Kinder werden in dieser Altersspanne bei allem, was sie tun, mit einer Fülle an Lebensweisheiten überflutet – Sie müssen Ihnen nur erlauben, diese Erfahrungen zu machen, sie an die Hand nehmen und – wenn Ihre Kinder es zulassen – mit an Bord des Schiffes gehen.

Was Ihre Kinder jetzt lernen, gibt ihnen das nötige Rüstzeug an die Hand, um mit künftigen Niederlagen oder Rückschlägen fertig zu werden und eines Tages ihre Träume auf ihre Machbarkeit hin zu überprüfen.

Vielleicht gelangen sie an ihr erstrebtes Ziel, vielleicht auch nicht.

Was auch immer daraus entsteht, Sie sind als Erwachsener Zeuge dieses schönen, wenngleich anstrengenden Sprungs in die Selbständigkeit Ihres Kindes: Allmählich benötigt es keine Windeln mehr, es lernt Nein zu sagen, isst ohne Hilfe, spricht zunehmend, wie die Großen es tun, und stellt erste Fragen über die Welt.

Es ist ein großer Schritt für einen kleinen Menschen.

Ich bin mir sicher, dass Sie auch heute noch einen Rest dieses Fünfjährigen in sich tragen – geben Sie also gut auf ihn acht.

Das Leben wird Sie alle in diesen Jahren auf eine harte Probe stellen. Verfolgen Sie als Eltern aber das Wachstum Ihres Kindes und lassen das Saatkorn gedeihen, wartet eine lohnende Entdeckungsreise auf Sie.

EINE REISE ZUM MOND

Kleine Kinder entdecken die Welt ringsum Schritt für Schritt. Langsam müssen sie lernen, wie alles funktioniert und zusammenhängt. Sie müssen lernen, dass Kaffeetassen und Herzen (zer)brechen können, müssen es wagen, Ja zu sagen, wenn etwas Schönes Eingang in ihr Leben finden möchte, und Nein, wenn sich etwas falsch anfühlt. Sie sollen Laufrad fahren, sich selbst ihre Butterbrote schmieren, auf Bäume klettern, das Alphabet lernen, Schnürsenkel binden und selbständig auf die Toilette gehen. Sie sollen anfangen, ihren Platz in der Welt zu suchen, und eines Tages womöglich erkennen, wie verhältnismäßig unbedeutend sie sich auf diesem Planeten in diesem unendlichen Universum ausnehmen. Womöglich erkennen, was es wirklich heißt, zu sehen und gesehen zu werden.

Durch das Zusammenleben mit anderen Menschen, in einer Gemeinschaft. Indem sie jemanden lieben. Indem sie sich selbst lieben.

Und an dieser Stelle rücken Sie ins Bild. Auf diesem weiten, spannenden Weg ist Ihr Kind auf Ihre Unterstützung angewiesen. Kinder eignen sich Wissen an, indem sie Beziehungen zu anderen eingehen, sie lernen im Zusammensein mit Ihnen. Verbringen Sie also Zeit miteinander!

Machen Sie sich auch bewusst, dass verängstigte Kinder rein gar nichts lernen. Sie machen keine neuen Entdeckungen, haben keinen Mut, etwas zu wagen, sie können sich nicht auf Entdeckungsreise begeben – für sie dreht sich alles nur ums Überleben.

Kinder dagegen, die Sicherheit und Geborgenheit erfahren haben, können bis zum Mond und wieder zurück reisen.

SIEBEN SCHRITTE

DIE BINDUNG

Im Alter von zwei bis sechs Jahren kristallisiert sich zunehmend heraus, zu welchem Typ Mensch sich Ihr Kind entwickeln wird. Sie als Eltern werden beispielsweise lernen, welche Art von Trost es braucht und ob es gerne in Gesellschaft ist oder nicht. Vielleicht werden Sie einen großen Gefühlsreichtum in ihm erkennen, vielleicht wird es sich freudig in alles hineinstürzen, vielleicht tritt aber auch eine leise Vorsicht zutage. Jedes Kind muss nur es selbst sein. Sie sollten herausfinden, wer Ihr Kind ist, was es braucht, und es auf seinem Weg begleiten.

Im Kindergartenalter werden die Gefühle der Kinder komplexer und sie werden sich viel klarer ausdrücken können. Dadurch verändert sich auch Ihre Elternrolle. Sind Sie zunächst der sichere Schoß, beruhigen und wiegen Ihr Kind und trocknen Tränen, müssen Sie nun immer stärker auf die Gefühle Ihres Kindes eingehen und mit diesen umgehen lernen. Im Laufe dieser vier

Jahre erlebt Ihr Kind eine bunte Explosion der Gefühle. Vielleicht werden Sie wie viele andere feststellen, dass dies eine besonders anstrengende Zeit ist, die mit vielen Tränen und Auseinandersetzungen über die seltsamsten Dinge einhergeht. Jetzt werden aus Kleinkindern, die gerade ihr Gleichgewicht gefunden haben, aufgeregte und ernsthafte Schulkinder. Sie beschreiten einen Weg voller bedeutender und fulminanter Entwicklungsschritte, und dabei müssen Sie Ihnen Orientierung und Hilfestellung geben. Gleichzeitig sollten Sie ein Band zwischen sich knüpfen, eine starke emotionale *Bindung* zum Kind aufbauen. Sie ist das A und O, und ich bin immer bestrebt, gegenüber allen Eltern die Bedeutsamkeit dieser Bindung hervorzuheben.

Sie ist der erste von sieben Schritten einer gelungenen Kindererziehung. Mit ihr geben Sie Ihrem Kind die nötige Sicherheit und Geborgenheit, die es vom Kinderzimmer in die Kita, in die Schule und ins Erwachsenenleben hineintragen wird. Diese Bindung zwischen Ihnen bildet das Fundament, um eines Tages als eigenständige und zufriedene Persönlichkeit von zu Hause auszuziehen und in Gemeinschaft mit anderen stabile Beziehungen eingehen zu können.

Doch das ist noch ein weiter Weg.

Die angesprochene kostbare Bindung setzt sich aus drei Bausteinen – ich spreche hier von drei Schritten – zusammen. Um ans Ziel zu kommen, dürfen Sie keinen auslassen. Im Kindergartenalter gestalten sie sich folgendermaßen:

1. Ein sicheres Fundament schaffen und individuell trösten

Ein sicheres Fundament schaffen bedeutet, Ihrem Kind zu zeigen, dass Sie alles aushalten können, mit dem sich das Kind an Sie wendet. Es muss wissen, dass es immer zu Ihnen kommen kann. Alle Kinder sind ganz und gar auf Trost, Beruhigung und Geborgenheit angewiesen – und sie brauchen Ihre Hilfe beim Lösen ihrer kleinen und großen Probleme, brauchen einen sicheren Ort, eine feste Plattform.

Im Kindergartenalter besteht die Kunst vor allem darin, beim Trösten das richtige Mittel zu finden. Für das Kind sind seine Gedanken vollkommen klar, und es wird von seinen Gefühlen überwältigt; bei uns ist das meistens anders. Als Erwachsener geraten Sie nur zu leicht in Situationen, in denen Sie Ihr Kind wegen etwas trösten müssen, das Ihnen unwesentlich vorkommt oder das Sie nicht nachvollziehen können. Das spielt aber keine große Rolle – beim Trösten geht es nicht darum, dem Kind recht zu geben, sondern um eine Beruhigung des aktuellen Moments und darum, diesem kleinen Menschen zu zeigen, dass Sie die Situation mit ihm gemeinsam durchstehen. Das gehört womöglich zu den schönsten Dingen, die wir für andere Menschen tun können.

Was dem Einzelnen hilft, sich zu beruhigen, ist von Kind zu Kind verschieden. Manche möchten auf den Arm und gestreichelt werden, andere wollen für sich sein und ein wenig durchatmen.

Herauszufinden, was für Ihr Kind das Beste ist und wie es Abstand zu der Situation bekommt, gehört zu den wichtigsten Aufgaben der Eltern.

Wenn Sie dagegen ebenfalls schreien, wenn Sie wütend oder verzweifelt reagieren, hilft das kein bisschen, und es hilft auch nicht, dem Kind Vorträge zu halten und ihm in eben diesem Moment alles haarklein erläutern zu wollen. Kinder, die in einer Extremsituation sind, können keine neuen Informationen aufnehmen. Das ist bei Erwachsenen eigentlich nicht viel anders. Unser Gehirn wechselt in einen Schutzmodus, wenn wir starken Emotionen ausgesetzt sind – dann ist der Verstand nicht zugänglich für neues Wissen. Es bringt daher nichts, Ihr Kind in Situationen erziehen zu wollen, in denen es außer sich ist. Schreien Sie es an: «Jetzt reicht es aber mit dem Weinen. Schau mal, so geht das!», werden Ihre Bemühungen selten von Erfolg gekrönt sein.

Ihnen kommt stattdessen die Aufgabe zu, gelassen zu bleiben. Nur so können Sie Ihrem Kind helfen, seinen Gefühlstumult zu bewältigen. Sie müssen der Fels in der Brandung sein und ihm Verständnis entgegenbringen, wenn seine Welt in ihren Grundfesten erschüttert wird, müssen ihm immer Trost und Sicherheit versprechen.

Finden Sie also heraus, wie Sie Ihr Kind richtig trösten können, und geben Sie niemals auf. Sollten Sie das Gefühl haben, dass nichts wirkt und Sie nicht wissen, was Sie noch tun können, sorgen Sie dafür, in der Nähe Ihres Kindes zu bleiben. Zeigen Sie dem Kind, dass Sie nicht gehen, sich nicht abwenden. Wann immer Sie Ihrem Kind auf irgendeine Art signalisieren, dass Sie für es da sind, tragen Sie mit einem weiteren Baustein dazu bei, dass Ihr Kind sich auf ein sicheres Fundament beziehen kann.

2. Einen Ort der Zugehörigkeit schaffen

Der zweite Schritt, um eine feste emotionale Bindung zu Ihrem Kind zu errichten, betrifft das Thema Zugehörigkeit. Kinder möchten dazugehören. Sie sollen das Gefühl haben dürfen, ein Teil von etwas zu sein, das Gefühl, dass Sie als Familie zusammengehören – wie auch immer sich diese auf Eltern- und Geschwisterseite zusammensetzt. Dass Sie eine Gemeinschaft bilden, in der das Kind seinen festen Platz hat. Alles, was Sie gemeinsam tun, all die kleinen und besonderen Dinge, die nur Ihnen gehören, schenken dem Kind das lebenswichtige Gefühl, dazuzugehören, zu Hause zu sein.

Kinder im Kindergartenalter lieben Wiederholungen. Wiederholungen geben Ihnen Sicherheit – dasselbe Buch, derselbe Film, dasselbe Essen. Es kommt also noch mehr als je zuvor darauf an, dass wiederkehrende Rhythmen und feste Rituale ihren Platz im Familienalltag haben – wie die Mahlzeiten ablaufen, was Sie gemeinsam tun, wie Sie den Pyjama anziehen, was Sie morgens machen, welchen Weg Sie zur Kita gehen.

Kinder lieben das Vertraute – sowohl auf körperlicher als auch auf mentaler Ebene. Dabei geht es um zwei Dinge. Zum einen – wie bereits erwähnt – verleiht das dem Kind Sicherheit, zum anderen eignet sich das Kind neues Wissen dadurch an, dass es seine Kreise vom Bekannten hin zum Unbekannten ausdehnt. Für Kinder dieser Altersgruppe weitet sich der Horizont ganz allmählich – und Sie als Eltern sollten an diesem Vorgang teilhaben. Das bedeutet in erster Linie, die Entwicklung Ihres Kindes genau zu verfolgen – eine Dreijährige will auf dem Spielplatz oder bei einer Waldwanderung zum Beispiel etwas vollkommen anderes als eine Fünfjährige. Lassen Sie das Kind das tun, was es gerne mag, und achten Sie darauf, wenn sich in dieser Hinsicht etwas ändert.

Für einen Erwachsenen kann es ziemlich langweilig sein, immer dasselbe Buch zu lesen oder gefühlte 200 Mal dasselbe Puzzle zusammenzusetzen, aber auf eben diese Weise lernen Kinder in diesem Alter – indem sie dieselben Dinge immer und immer wieder tun. Und eines Tages ist dann plötzlich etwas Neues und Komplexeres spannend.

Das ist auch der Grund dafür, dass neue und fremde Dinge hier und da erst einmal mit wenig Begeisterung aufgenommen werden. Ihr Kind braucht zunächst ein gewisses Maß an Sicherheit.

ZEIGEN SIE IHREM KIND, DASS SIE SICH FREUEN, ES ZU SEHEN, WANN IMMER ES INS ZIMMER KOMMT. DAS IST DIE EINFACHSTE UND BESTE ART, IHREM KIND ZU SAGEN, DASS SIE ZUSAMMEN-GEHÖREN, DASS ES IHNEN WICHTIG IST UND SIE SICH FREUEN, DASS ES AUF DER WELT IST.

Mein ältester Sohn und ich machten uns eine Gewohnheit daraus, auf dem Weg zur Kita an einer Brücke über den Fluss Akerselv anzuhalten und «Wunschbeeren» von einem Strauch zu pflücken. Es dauerte nur einen flüchtigen Moment, machte diesen Gang aber zu unserem Gemeinschaftsprojekt. Dieser Moment gehörte nur uns allein, und mein Sohn liebte das. Mir ging es ebenso, denn inmitten des ganzen Alltagschaos tat es gut, etwas zu haben, das nur wir beide teilten.

Alle Kinder brauchen das – diese flüchtigen Momente gegenseitiger Wärme und Vertrautheit und ein «Wir-Gefühl».

3. Akzeptanz von Gefühlen

Im dritten Schritt der Bindung, die es zwischen Ihnen und Ihrem Kind zu errichten gilt, sollten Sie sich als Eltern klarmachen, dass es für alle Gefühle Ihres Kindes einen Grund gibt. Sie müssen erkennen, welche Gefühle Ihr Kind gerade durchlebt, und sie ernst nehmen.

Im vorigen Buch *Die Hedvig-Formel für glückliche Babys* habe ich beschrieben, wie klar und einfach die Gefühle eines Kleinkindes sind. Kleinkinder sind entweder wütend, ängstlich, froh oder zufrieden. Erreicht das Kind jedoch ein Alter von drei oder vier Jahren, sind seine Gefühle und Gedanken entwicklungsbedingt stärker miteinander verbunden.

Die Hirnregion, die für die Regulation von Emotionen zuständig ist, entwickelt sich allmählich, und damit gehen weitaus komplexere Gefühle einher. Jetzt wird das Kind Gefühle wie Stolz, Scham und Schuld erleben – vielschichtigere Emotionen, mit denen schwerer umzugehen ist – das gilt für Erwachsene gleichermaßen wie für Kinder.

Damit werden an Sie als Eltern auch größere Anforderungen gestellt, da Sie den Kindern mehr als jemals zuvor zeigen müssen, dass ihre Gefühle in Ordnung sind. Dass selbst die überwältigendsten und negativsten Gefühle geäußert werden dürfen und dass am Ende alles gut ausgehen wird.

> Wie Ihre Familie sich zusammensetzt, spielt keine Rolle. Wichtig ist nur, dass jedes Familienmitglied seinen eigenen, besonderen Platz in Ihrem *Wir* hat. Für Kinder ist es unendlich wichtig zu spüren, dass sie dazugehören.

Zu Beginn des Winters kann einem die Dunkelheit unerträglich erscheinen. Ich erinnere mich noch gut an einen kleinen Jungen aus der Kita meines Sohnes, der stehen blieb und zu Boden starrte, als seine Eltern ihn abholen kamen. Sowie er mit der Kälte draußen in Berührung kam, erfüllte ihn Traurigkeit. Seine Eltern verstanden nicht, warum sie sich nicht einfach mit ihm ins Auto setzen und nach Hause fahren konnten. «Es ist dunkel», sagte der Junge verzweifelt zu seinem Vater.

«Magst du die Dunkelheit nicht?», fragte dieser nach. Der Vater des Jungen hätte das Problem in der beißenden Kälte leicht abtun und sagen können: «Ja, aber so ist das abends nun mal. Na los, wir wollen nach Hause.» Stattdessen aber setzte sich der Vater neben seinen Sohn auf die Treppenstufen. «Soll ich dir mal was verraten? Ich finde die Dunkelheit auch nicht so toll. Aber ich bin mir sicher, dass keine Gefahr von ihr ausgeht, und morgen wird es wieder hell. Vielleicht kann ich dich ja morgen einmal abholen kommen, bevor es dunkel wird, damit wir uns das zusammen anschauen können?»

Diesen Austausch mitzuerleben, war schön, und er löste das Problem. Der Vater hatte das Gefühl bemerkt, er hatte erkannt, woher es rührte, und dem Kind geholfen, es zu benennen. Plötzlich hatte der Junge eine neue Perspektive, die ihn aus der Dunkelheit führte.

Von dem Gefühl, bemerkt und verstanden zu werden, profitiert jeder Mensch, besonders aber diejenigen, die noch ganz am Anfang ihres Lebens stehen. Deshalb sind Kinder darauf angewiesen, dass wir ihren Gefühlstumult für sie entwirren, dass wir ihn akzeptieren und ihn mit ihnen gemeinsam lösen wollen. Indem Sie das tun, zeigen Sie dem Kind, dass Sie es wahrnehmen und es verstehen. Sie geben ihm gewissermaßen die Bestätigung, dass es so fühlen darf und dass mit ihm alles okay ist. Dass man ihm in seinem Gefühl zur Seite steht.

Je stärker Kinder erleben können, dass die Welt ein sicherer Ort ist, an dem Raum für ihre Gefühle ist, desto besser wird es ihnen in ihrem Leben ergehen.

DIE HÄUFIGSTEN FEHLER DER ELTERN

2 JAHRE

Sie lassen Ihr Kind aus den Augen

Gerade war Ihr Kind noch ein hilfloses Baby, jetzt ist ein gut funktionierender Mensch aus ihm geworden, der alleine läuft, Puzzles legt und vieles von dem wahrnimmt, was im Alltag ringsum geschieht. Zweijährige sind aber noch vollkommen darauf angewiesen, dass Sie sie im Blick behalten. Sie brauchen die Führung von Erwachsenen, und sie brauchen Kontakt. Erst in einem Alter von etwa drei Jahren können sie sich allein beschäftigen – bis dahin müssen Sie mit ihnen zusammen spielen und es auf sich nehmen, immer wieder dasselbe zu tun. Überschätzen Sie Kinder dieses Alters nicht, auch wenn sie scheinbar besser mit der Welt zurechtkommen. Ein Zweijähriger ist flink und mit Feuereifer bei der Sache, aber es fehlt ihm noch an Urteilsvermögen. In diesem Alter sind die Kinder schnell gefährlichen Situationen und Unfällen ausgesetzt. Lassen Sie sie nicht aus den Augen!

3 JAHRE

Sie nehmen sich nicht die Zeit für eine Unterhaltung

Ein Dreijähriger wirkt wie ein ziemlich vernünftiges kleines Wesen. Aus Wörtern sind lange Sätze geworden, und die Kinder hegen zahlreiche Vorstellungen von der sie umgebenden Welt. Obwohl die meisten Dreijährigen schon sehr gut sprechen, gibt es noch vieles, was sie nicht ausdrücken können – und es braucht Zeit, sich mit ihnen zu unterhalten. Geben Sie Ihrem Kind etwas Hilfestellung und lassen ihm ausreichend Zeit, wird es Ihnen von allem erzählen, was es erlebt hat, es wird Ihnen sein Befinden mitteilen und was ihm durch den Kopf geht. Machen Sie das nicht, versäumen Sie eine Möglichkeit, die Bindung zwischen Ihnen zu festigen: Ihnen bleibt die Tür zur phantastischen Welt der Kinder versperrt.

3–5 JAHRE

Sie schimpfen das Kind zu Unrecht aus

Einer der größten Fehler von Eltern ist der Glaube, die Kinder könnten mehr verstehen, als es tatsächlich der Fall ist. Das liegt häufig daran, dass das Sprachvermögen der Kinder schon so ausgereift ist, dass wir sie für größer halten, als sie eigentlich sind, dass wir denken, sie kämen schon viel besser zurecht, als sie es tatsächlich tun. Nur zu leicht traut man den Kleinen schon Großes zu. In Wahrheit aber – und das versuche ich Eltern immer wieder klarzumachen – braucht das Kind noch viel Zeit, um die Konsequenzen seines Handelns zu überblicken, seine Gefühle zu beherrschen und Urteilsfähigkeit zu entwickeln. Das dauert eine ganze Kindheit. Weisen Sie Ihr Kind also nie für etwas zurecht, für das ihm noch die Voraussetzungen fehlen. Wenn Sie sagen: «Du musst doch wissen, dass du da nicht hingehen darfst!» oder «Du musst doch wissen, dass du schon genug Kuchen hattest!», sind Sie bereits in die Falle getappt. Hätten die Kinder es gewusst, hätten sie sich nämlich anders verhalten. Sie als Eltern müssen ihnen erst beibringen, wie das geht.

5 JAHRE
Sie nehmen das Kind nicht ernst

In diesem Alter werden die Kinder nachdenklicher. Sie suchen nach einem Sinn, wollen über das Leben, den Tod, Gott, über die Sterne am Himmel und die Steine auf der Erde sprechen. Sie sind sozusagen in der philosophischen Phase der Kindheit. Sie als Eltern haben die Aufgabe, ihnen auf der Suche nach Antworten zur Seite zu stehen. Und das bedeutet, dass Sie ihnen zuhören sollten, wenn sie etwas fragen, und ihnen nach bestem Vermögen eine Antwort geben müssen, dass Sie sich über diesen fast magischen Blick Ihres Kindes auf das Dasein freuen. Begleiten Sie Ihr Kind auf dieser Reise, kann die Welt, mit den Augen eines Fünfjährigen betrachtet, ein wundervoller Ort sein.

Zu den größten Herausforderungen für Sie wird gehören, eine Antwort auf Fragen zu formulieren, auf die Sie keine Antwort haben, oder immer wieder mit denselben Fragen konfrontiert zu werden. Zu sagen, dass Sie etwas nicht wissen, ist vollkommen legitim, damit vermitteln Sie Ihrem Kind, dass Sie sich, ebenso wie es selbst, auch noch Fragen stellen. Doch glauben Sie dabei nicht, dass Sie alles richtig beantworten müssen. Sie müssen nicht alles wissen, sollten aber seine Neugier teilen – dann gehen Sie mit Ihrem Kind diesen wichtigen Fragen auf den Grund und begeben sich gemeinsam auf Entdeckungsreise. Und damit teilen Sie beide etwas wirklich Schönes.

5–6 JAHRE
Sie bestrafen bei umwälzenden Veränderungen

Das Kind erlebt jetzt eine Zeit großer Veränderungen.

Mädchen haben meistens einen Vorsprung vor den Jungen ihres Alters, und Sie werden es mit einem Kind zu tun haben, das ständig in Bewegung ist und mit heftigen Gefühlen hadert. Die Kinder vergessen Dinge und benehmen sich häufig wie kleine Demagogen, werfen mit gröberen Worten um sich und knallen mit den Türen. Viele bezeichnen diese Phase als die «Pubertät des Kindesalters». Ihr Kind muss jetzt lernen, seine heftigen Gefühle in den Griff zu bekommen. Es reizt seine Gefühlswelt bis zum Äußersten aus, was für alle Beteiligten – auch für Sie – mit großen Anstrengungen verbunden sein kann. Hatten Sie zuvor vielleicht noch einen kleinen Philosophen da sitzen, sind Sie jetzt mit den Anfeindungen Ihres Kindes konfrontiert. Es ist jetzt dabei, einen großen Schritt zu tun – einen Schritt, um sich selbst und seine Welt besser zu verstehen. Dies ist eine Entwicklungsphase, die mit großen Umbildungsprozessen im kindlichen Gehirn einhergeht.

In dieser Phase ist ausreichend Schlaf besonders wichtig. Es kann Sinn machen, Freizeitaktivitäten zu begrenzen, vor allem im ersten Schuljahr. Jetzt sind Sie als Eltern so stark gefordert wie nie: Sie sollten keine Distanz zu Ihrem Kind aufbauen, es nicht bestrafen, nicht zurückschreien. Die Veränderungen, die Ihr Kind gerade durchmacht, sind ein natürlicher Teil seiner Entwicklung – und gerade jetzt braucht Ihr Kind Ihre Nähe.

Auch diese Phase, wie so viele andere, wird eines Tages vorübergehen.

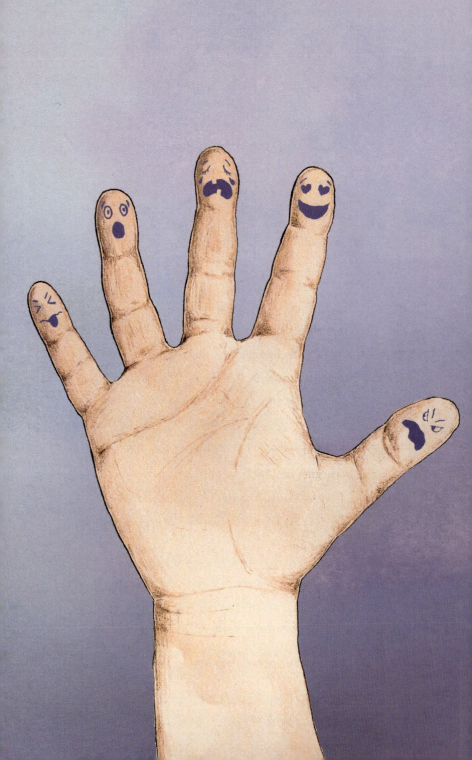

TIEFE GEFÜHLE

In den Kindergartenjahren geht es für das Kind vor allem um die Entwicklung seiner Gefühle. Es ist einem Ansturm neuer und komplexerer Emotionen ausgesetzt. Als Eltern ist es jetzt am wichtigsten, diesem Gefühlssturm gelassen zu begegnen.

Tränen werden fließen, Wut und Frust werden regieren, Hoffnungen und Enttäuschungen auf Ihr Kind warten.

In dieser Zeit begegnet das Kind einer neuen und fremden Welt. Nur Sie kennen in dieser Landschaft den Weg, haben das alles schon einmal erlebt. Nur Sie können für Ihr Kind alles in einen Zusammenhang stellen, ihm Orientierung geben und diese tiefen Gefühle etwas weniger heftig machen.

Eines ist sicher – Ihr Kind braucht Sie jetzt.

Sie weisen dem Kind den Weg

Wenn der Zweijährige aus tiefstem Herzen heraus lacht, ist es ein euphorisches, neugeborenes und wildes Gelächter. Wenn der Dreijährige Angst vor den Schatten am Fenster verspürt, hat das wirklich etwas Unheimliches an sich.

Beides – sowohl Freude als auch Angst – ist heftig und unmittelbar. Wird eine Vierjährige mit einem Bettler auf der Straße konfrontiert, ist sie vielleicht zutiefst erschüttert, dass da ein anderer Mensch sitzt, der friert und denkt, dass ihm doch geholfen werden muss. Wir Erwachsenen sind da meistens schon abgestumpfter, haben uns an den Gedanken gewöhnt, nicht allen helfen zu können. Für ein vierjähriges Kind aber ist so etwas eine große Erfahrung. Dasselbe geschieht, wenn ein Fünfjähriger seinen Blick stärker über den Tellerrand hebt und sich fragt, was der Sinn des Lebens ist, was wir hier auf der Erde eigentlich tun. Wir Erwachsenen haben gelernt, dass es Fragen gibt, die wir nicht beantworten können. Wir schlagen uns mit unseren kleinen Problemen herum und beachten nicht den Mond, uns erfasst kein Schwindel angesichts der Unendlichkeit des Universums, angesichts schwarzer Löcher, dunkler Materie und der Länge eines Lichtjahres. Wir frühstücken, gehen zur Arbeit, in dem Bewusstsein, dass man nicht alles wissen muss und kann.

Der Blick der Kinder hat in diesen Jahren häufig etwas sehr Schönes, ist in gewisser Weise vollkommen unvoreingenommen.

> Durch das Erleben von Gefühlen erlernen Kinder den Umgang mit ihnen. Aber das können sie nicht allein bewältigen. Sie brauchen dabei Ihre Hilfe und Ihre Gelassenheit, Sie müssen dem Kind den Weg weisen.

Das führt aber auch dazu, dass alles, was sie erleben, noch intensiver auf sie wirkt, die Farben sich vertiefen. Sie können schrecklich über einen Schuh in Wut geraten, der nicht so sitzt, wie er soll, können ungeheure Angst vor etwas gänzlich Harmlosem empfinden, können enorm traurig oder besorgt über etwas sein, durcheinander und verloren. Sie haben ganz einfach keine Routine darin. Es ist ihre erste Begegnung mit all diesen unzähligen Emotionen, die über sie hereinbrechen. Und weil Gefühle immer vor der Sprache entstehen, wird es ihnen Probleme bereiten, ihre Gefühle in Worte zu fassen.

Erwachsene, die Sicherheit und Geborgenheit ausstrahlen, sind ihr einziger Anker in dieser Gefühlswelt. Die Kinder haben nur *Sie*. Sie können ihnen den Weg weisen, Sie kennen das Terrain, Sie bringen ihnen bei, wie sie tiefe Täler überwinden, reißende Ströme durchqueren. Ein Kind kann diesen Weg nicht allein beschreiten. Jemand muss ihm Halt geben, es führen, ihm ruhig und gelassen versichern: «Sei unbesorgt, ich kenne das.»

Tun Sie das nicht, steht Ihr Kind vor einer schier unlösbaren Aufgabe.

Allmählich eine Landkarte entwerfen

Sie sind also der Scout Ihrer Kinder in Gefühlsdingen. Sie kennen die Route, die Ihr Kind beschreiten muss. Aber Sie *begleiten* Ihr Kind nur. Die Reise antreten muss Ihr Kind selbst. Sie können von einem Dreijährigen nicht verlangen, keine Angst zu haben, wenn er das Schattenspiel der flatternden Gardine auf dem Fußboden sieht. Sie können dann nicht sagen: «Nun ist es aber gut, davor brauchst du doch keine Angst zu haben!» Machen Sie sich klar, dass Sie selbst auch ein halbes Leben gebraucht haben, um Ihre eigenen Ängste unter Kontrolle zu bringen, dass jemand Ihnen dabei einen Weg gewiesen, Ihre Hand gehalten und Ihnen gezeigt hat, dass man die Dunkelheit eigentlich überhaupt nicht fürchten muss.

Stehen Sie Ihrem Kind bei seinen Gefühlserfahrungen zur Seite. «Ja, ich kann verstehen, dass das unheimlich aussieht. Komm, lass uns mal genauer schauen, was da vor sich geht. Es ist das Licht, das auf die Gardine trifft, siehst du das?» Wenn das Kind sich beruhigt hat und wieder zu Bett gegangen ist, können Sie sagen:

«Fühlst du dich jetzt besser, oder hast du noch Angst? Ich bleibe bei dir, bis du eingeschlafen bist.»

Geben Sie den Dingen Zeit

Ihr Kind muss wissen, dass Sie Verständnis für das haben, was es nicht benennen kann. Wenn es von tiefen Gefühlen überwältigt wird, kennt es ihren Ursprung nicht und hat nur wenig Möglichkeiten, diese zu beherrschen. Es wird nicht selten vollkommen von ihnen überrumpelt.

Deshalb sollten Sie mit Bedacht reagieren, nicht übereilt und gereizt und gedankenlos. Sie sollten sich daran erinnern, dass alle Gefühle einen Grund haben. Kinder brauchen die Gewissheit, dass Sie auch dann bei ihnen sind, wenn es mal schwierig wird. Darum setzen «Auszeiten» für das Kind oder ähnliche Sanktionen auch die Beziehung zwischen Ihnen und dem Kind aufs Spiel, gefährden die emotionale Bindung. Dann zeigen Sie kein Verständnis für Ihr Kind, werden seinen Gefühlen nicht gerecht. Eine «Auszeit» vermittelt: «Ich ertrage dich nicht so, wie du gerade bist.» In diesem Moment vergisst der Erwachsene, dass das Kind selbst noch nicht in der Lage ist, Brücken zwischen Vernunft und Gefühl zu bauen. Dann bestrafen Sie das Kind für etwas, für das es nichts kann, und lassen es im Stich, während es doch gerade jetzt auf einen Scout angewiesen ist.

Wenn Kinder für eine Therapie zu mir in die Praxis kommen,

wird mir immer wieder bewusst, dass nichts so wichtig ist wie dieses Brückenbauen. Gelingt mir das, kann ich am ganzen Kind die Veränderung sehen – wie sein Gesichtsausdruck sanfter wird, wie es auf der Couch näher an mich heranrückt, aufblüht. Gewinnt das Kind dagegen den Eindruck, etwas würde mit ihm nicht stimmen, zieht es sich in eine Ecke zurück, verschränkt die Arme, ist allein mit sich und seinen Gefühlen.

Als Eltern sehen wir leicht nur die abweisende Haltung des Kindes und fassen dies als eine Art von Trotz auf, als einen gegen uns gerichteten Widerstand, während wir dieses Verhalten eigentlich umgekehrt sehen sollten. Statt zu denken: «Jetzt weist er mich ab», können wir uns selbst sagen: «Jetzt ist es mir nicht gelungen, eine Brücke zu ihm zu schlagen.» Wir müssen uns klarmachen,

TIEFE GEFÜHLE ZU KONTROLLIEREN IST SCHON FÜR ERWACHSENE SCHWIERIG, FÜR KINDER ABER FAST UNMÖGLICH. DAFÜR BENÖTIGEN SIE VIELE JAHRE ÜBUNG UND IHRE UNTERSTÜTZUNG. ERST MIT 20 JAHREN IST UNSER GEHIRN ENDGÜLTIG AUSGEREIFT.

dass wir die Verantwortung übernehmen müssen. Blicken Sie ständig nur darauf, dass Ihr Kind Sie abweist, und fassen dies als etwas *gegen* Sie Gerichtetes auf, schieben Sie Ihr Kind beiseite.

Sie als Eltern sind dafür verantwortlich, einen anderen Weg einzuschlagen, dem Kind auf eine ruhige und sichere Art entgegenzukommen, Brücken zu bauen.

Im Einkaufszentrum in unserer Nähe fiel mir einmal ein kleines Mädchen von etwa drei Jahren auf, das keine Lust mehr hatte, mit seinen Eltern von Geschäft zu Geschäft zu gehen. Was war die Erwiderung der Eltern auf die Haltung des Mädchens? Sie ließen es stehen und gingen einfach weiter. So wollten sie es dazu bewegen, ihnen nachzulaufen, ihm signalisieren, dass es sonst allein zurückbleiben würde. Ich weiß, dass das eine ziemlich weit verbreitete Art ist, Kinder dazu zu bringen, mitzukommen – weil sie funktioniert. Das Kind bekommt Angst und wird aus Angst, verlassen zu werden, zu einem getrieben. Aber nur weil etwas gut funktioniert, ist es noch lange nicht richtig. Das Kind sollte nie verlassen werden. Natürlich kommt es vor, dass die Eltern ein Verhalten Ihres Kindes satthaben, wie alle anderen kenne ich das auch. Aber das Kind allein stehen zu lassen, ist nur ein Zeichen dafür, dass es Ihnen nicht gelungen ist, die nötige Brücke zu ihm zu schlagen – und das müssen *Sie* tun. Sie können das, indem Sie vor Ihrer Tochter in die Hocke gehen und sie fragen: «Möchtest du lieber nach Hause? Findest du, dass das zu lange dauert? Ich weiß, aber wir müssen nur noch diese eine Sache tun, und danach fahren wir heim.« Auf diese Weise hätten Sie dem Kind weitergeholfen, seine negativen Gefühle zu überwinden, Sie hätten eine Brücke zu ihm gebaut, statt sich von ihm abzuwenden.

Das Kind kommt auf sich allein gestellt nicht zurecht.

Sie sollten in einer schwierigen Situation Ihr Möglichstes tun – und das immer, ohne das Kind zu verlassen.

Orientierung geben – aber wie?

In diesem Alter wird man auch schnell wütend auf die Kinder.

Ihr Verhalten kommt uns häufig so irrational vor, weil wir nicht richtig begreifen, was sie uns damit sagen wollen. Man sollte sich deshalb immer wieder klarmachen, dass sie keine kleinen Erwachsenen sind, dass sie sich noch viele weitere Jahre damit schwertun werden, mit ihren Emotionen umzugehen – während ihre Gefühlswelt zunehmend vielschichtiger wird.

Machen Sie sich immer wieder bewusst: Zu keiner Zeit in der Menschheitsgeschichte haben Kinder gelernt, vernünftig zu sein, indem man sie geschlagen oder bedroht hat. Wenn man Angst hat, wird die Verbindung zwischen Gedanken und Gefühlen gekappt. Es ist so, als hätte man eine Augenbinde um. Dann können die Kinder nichts von der Wegbeschreibung sehen, mit der Sie sie vertraut machen wollen. Verängstigte Kinder lernen rein gar nichts. Jagen Sie einem Kind Angst ein, wird das immer die entgegengesetzte Wirkung von dem haben, was Sie damit erreichen wollten.

Wie also können Sie dem Kind am besten Orientierung geben?

ZWEI SCHRITTE IM UMGANG MIT GEFÜHLEN

Ist Ihr Kind einer Sache überdrüssig, ist es wütend oder verzweifelt, müssen Sie diesen Gefühlen Beachtung schenken, bevor Sie die Situation lösen können. Sie müssen das Gefühl erst wahrnehmen, dann können Sie lenkend eingreifen. Alle Gefühle zu akzeptieren, die auftreten können, ist ein Teil Ihrer Aufgabe als Eltern, aber das ist noch lange nicht alles. Das Kind ist auch darauf angewiesen, dass Sie ihm weiterhelfen, dass Sie Ruhe bewahren, Tränen trocknen und Sie gemeinsam wieder zu etwas Positivem zurückfinden. Sie müssen Ihrem Kind diese so wichtige Lektion für alle Menschen erteilen: dass seine Gefühle erlaubt sind und dass das Leben immer weitergeht.

In derartigen Situationen sind die folgenden beiden Schritte wichtig:

1. GEFÜHLE ERGRÜNDEN, VERSTÄNDNIS ÄUSSERN

Kann Ihr Kind sich sprachlich besser ausdrücken, ist es leichter, seine Gefühle zu ergründen – und leichter, sich mit diesen zu befassen. «Bist du traurig, dass wir in den Kindergarten gehen müssen? Findest du es so schön zu Hause? Das verstehe ich.»

Jedem Menschen – egal welchen Alters – tut es gut, wahrgenommen und verstanden zu werden. Beschäftigen Sie sich mit den Gefühlen des Kindes, signalisieren Sie ihm dadurch, dass Sie es sehen, dass seine Gefühle einen Platz in der Welt haben. Das schenkt dem Kind Geborgenheit. Manchmal können Sie vielleicht nicht ergründen, worin das Problem besteht, wissen nur, dass alles schwierig ist. Dann reicht es zu sagen: «Ist das gerade alles anstrengend für dich?»

Wenn die Gefühle des Kindes vielschichtiger werden, sollten Sie unbedingt darauf achten, was in ihm vorgeht, und ihm helfen, sich in dieser wachsenden Gefühlslandschaft zurechtzufinden.

2. DEM KIND WEITERHELFEN

Zeigen Sie bloß Verständnis für das Gefühl, aber keinen Ausweg daraus, kann das Ihr Kind hemmen. Sie als Erwachsener sollten den Überblick über die Situation haben und sollten Ihr Kind gut genug kennen, um zu wissen, wie Sie ihm helfen können, dieses Gefühl hinter sich zu lassen.

«Ich weiß, dass du nicht in den Kindergarten möchtest. Aber wenn du erst mal da bist, hast du doch meistens viel Spaß. Was glaubst du, wer heute da sein wird? Ob das tolle Feuerwehrauto wohl noch daliegt?»

Kinder müssen – ebenso wie Erwachsene – daran erinnert werden, dass das Leben weitergeht. Mit zunehmendem Alter des Kindes können Sie auch über Dinge reden, die für einen Drei-, Vier- oder Fünfjährigen womöglich noch etwas schwierig, für einen Zweijährigen aber völlig unverständlich sind. Sie können darüber reden, dass es einen Wert hat, mit jemandem befreundet zu sein, dass es schön sein kann, mit anderen etwas zu teilen, dass alle ab und zu mal etwas Dummes tun. Aber vergessen Sie nie, dass das nur etwas bringt, wenn sich die Gefühle etwas beruhigt haben.

Das Übungslabor des Kindes

Die Kitajahre sind auch die Zeit der Phantasie. Phantasie und Gefühl stehen auf wundersame Weise miteinander in Verbindung. Eine eigene Phantasiewelt zu haben, ermöglicht einem, seine Gefühle weiterzuentwickeln und sich im Umgang mit ihnen zu üben. Die Phantasie ist sozusagen das Übungslabor der Kleinkinder. Dort lernen sie Lektionen fürs Leben und wachsen als Menschen.

Sie als Eltern gewinnen viel, wenn Sie dieser schönen Phantasiewelt Ihres Kindes mit Neugier begegnen und sie respektieren. Glauben Sie dagegen, Ihr Kind sollte die Welt so sehen, wie sie wirklich ist, wollen Sie einem Dreijährigen also eine «Realitätsorientierung» geben, verkleinern Sie sein Universum. Dann rauben Sie dem (Er-)Forscher sein Labor und Ihr Kind büßt ein Stückchen Sicherheit ein – sowohl jetzt als auch in Zukunft.

In dieser wundervollen Zeit der Kindheit geht es allein darum, sich auf den Spaß einzulassen und sich mit dem Kind auf eine Phantasiereise zu begeben.

Verfolgen Sie mit, wie alle Dinge lebendig werden. Wie die Kuscheltiere aufstehen und zu sprechen anfangen, wie Bäume Hände bekommen und Felsen Geheimnisse flüstern und das Gemüse auf dem Teller lächelt. Das Kind wird allem in seiner Umgebung eine Seele und eine Stimme geben.

So kommen sie in gewisser Weise zu ihren ersten Spielkameraden. Ob es ein Stock, eine Puppe oder eine Zahnbürste ist – das Kind trainiert sein Verständnis dafür, dass andere Menschen Dinge auf eine andere Art wahrnehmen als es selbst. Das Kind lernt, dass es noch etwas anderes als nur es allein gibt. Es trainiert den Umgang mit anderen Menschen, lernt, sich in sie hineinzuversetzen, Beziehungen aufzubauen. Das ist eine wichtige Lektion für sein weiteres Leben.

Erreicht das Kind erst einmal ein Alter von drei oder vier Jahren, wird es anfangen, sich vermehrt auf andere Menschen auszurichten. Das Kind wird sich ausmalen, Feuerwehrmann, Arzt oder Mama zu sein, wird Sie zu einer Teegesellschaft oder zu einem bombastischen Galadinner auf einem Schloss einladen. So übt der Nachwuchs, verschiedene Rollen anzunehmen, und findet heraus, wie andere auf ihn reagieren. Die Kinder üben schlicht und einfach die Gemeinschaft, das Zusammenleben mit anderen Menschen. Und sollten Sie schon bei der siebten Teegesellschaft des Tages zu Gast sein, denken Sie daran, dass Ihr Kind daraus wertvolle Lehren zieht.

Von dieser Phase aus bricht das Kind auf in eine andere, in welcher der Phantasie vollkommen freier Lauf gelassen wird. Dann wird Ihr Kind etwa fünf Jahre alt sein. «Ein Raumschiff, hast du gesagt? Kein Problem, wir bauen eines!» Plötzlich können alle zu Prinzessinnen oder Superhelden werden – die Welt kennt keine

Grenzen und das Kind fühlt sich unbesiegbar. Das Kind braucht diese Möglichkeit, sich selbst und seine Umgebung zu betrachten, denn bis zur Einschulung und dem Alter, in dem regelgesteuerte Spiele gang und gäbe sind, ist es nicht mehr weit. Dann wird es lernen, sich in eine Gesellschaft einzufügen, in die wirkliche Welt mit all ihren Regeln, Vorschriften und Rechenübungen. Aber jetzt noch nicht.

Jetzt gilt es erst einmal, in die sagenhafte Welt der Phantasie einzutauchen.

Warten, bis das Licht angeht

Als Eltern packt einen häufig der Ehrgeiz, wenn es um die eigenen Kinder geht. Man möchte, dass sie das können, was Gleichaltrige im Kindergarten beherrschen, möchte erleben, dass sie Dinge meistern und etwas lernen. Wie auch auf dem Gebiet der Phantasie tun Kinder einen Schritt nach dem anderen in der Begegnung mit einer zunehmend größeren Welt und im Umgang mit sozialen Kontakten – sie müssen sich in eine Gemeinschaft aus Freunden einfügen und ihren Platz in der Familie finden.

Das können Sie allerdings nicht erzwingen. Das Kind wird den nächsten Schritt tun, wenn es selbst dazu bereit ist. Eines Tages geschieht das einfach. Als Eltern können Sie diesen Schritt mitverfolgen und erkennen, wann er oder sie bereit für neue Aufgaben,

> Alle Kinder profitieren davon, ihre Gefühle in Worte zu fassen und ihren Gefühlszustand zu beschreiben. Das ist ein Rezept für ein erfolgversprechendes Leben.

Spiele, Aktivitäten und Abenteuer ist. So können Sie dem Kind den Weg ebnen, ihm beibringen, sich zu öffnen, können es nach etwas streben lassen, das es selbst gern erreichen will.

Stellen Sie sich das Gehirn Ihres Kindes als ein großes Wohngebäude vor. Geduldig arbeiten die Kinder sich von Raum zu Raum vor, betätigen einen Lichtschalter und lassen das Licht eine kleine Wohnung erhellen. Sie können diese erst dann betreten, wenn das Licht an ist. Versuchen Sie diesen Vorgang zu beschleunigen, indem sie Ihr Kind in ein dunkles Zimmer hineinschubsen, erwächst daraus nichts Gutes.

Für Kinder ist es eine Selbstverständlichkeit, ständig Neues zu erproben, das liegt in ihrer Natur. Sie möchten immerzu mehr Kapazitäten schaffen, machen in einem Zimmer nach dem anderen, in einer Wohnung nach der anderen das Licht an, bis das gesamte Gebäude hell erleuchtet ist.

Und worin besteht dabei Ihre Aufgabe? Vergessen Sie Ihre

persönlichen Ambitionen, die sind hier fehl am Platz. Ihr Kind ist so, wie es ist.

Sie sollten die Schritte mit Ihrem Kind zusammen gehen, nicht voranschreiten.

AH! ICH KANN DAS NICHT!

Niemand kann so wütend werden wie ein dreijähriges Kind. Es weiß genau, was es erreichen will, aber seinen Fingern will es irgendwie noch nicht richtig gelingen. Perlen stecken, Legokreationen bauen, mit einem Bleistift schreiben, Kleidung anziehen – alles kann vor Wut durch die Gegend geschmissen werden und unter der unendlich großen Enttäuschung Ihres Kindes zu Bruch gehen.

Wut ist eine intensive Emotion und setzt sich eigentlich aus zwei Gefühlen zusammen: aus dem Wunsch, etwas bewältigen zu wollen, und der Enttäuschung, es noch nicht zu bewerkstelligen. Und an dieser Stelle kommt der Erwachsene ins Spiel: Man gerät nur zu leicht selbst in Wut angesichts eines mit Gegenständen um sich schmeißenden und zerstörerisch herumfuhrwerkenden Kindes, aber das Kind braucht jetzt einen Erwachsenen, der seinen Kummer und seine Sehnsucht, etwas Bestimmtes zu können, versteht. Und der ihm weiterhilft.

Sagen Sie: «Oje, klappt das Perlenstecken nicht so, wie du es willst? Die meisten müssen das viele Male tun, bevor sie das können», vermitteln Sie dem Kind eine ganz andere Botschaft, als wenn Sie es ausschimpfen, weil es das Perlenbrett umgeworfen hat. Sendet man dem Kind diese positive Botschaft, unternimmt es eher einen neuen Versuch.

Am schlimmsten ist es, wenn Sie als Erwachsener dem Kind sagen, das sei doch ganz einfach, und es ihm zeigen, indem Sie es selbst tun. Ein Dreijähriger freut sich nicht darüber, dass Sie Perlen stecken können – das ist eine Selbstverständlichkeit für ein kleines Kind. Lassen Sie sich nicht in Versuchung führen, Ihrem Kind die Aufgabe abzunehmen, sondern helfen Sie ihm dabei, einen neuen Versuch zu unternehmen, oder helfen Sie ihm dabei, aufzuräumen und es später noch einmal zu versuchen. Eines Tages wird es funktionieren, wird es gehen. Das ist das Seltsame mit der Wut – sie legt die Grundlage für wahre Erfolge.

Wollen Sie Ihrem Kind Motivation und Mut für seinen weiteren Lebensweg mitgeben, müssen Sie beide zuerst üben, mit der Wut fertigzuwerden.

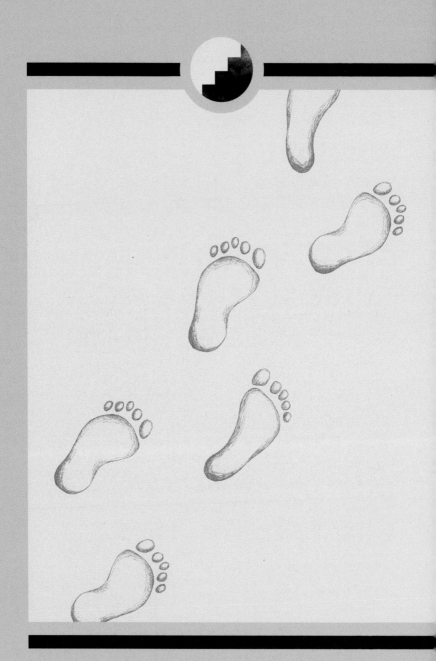

DIE ENTWICKLUNG

ZWEIJÄHRIGE – IMMER HELLWACH SEIN!

Der Kleine läuft! Zweijährige beginnen, Kontrolle über ihren Körper zu erlangen. Sie können Treppen steigen, tun es aber noch in ihrer eigenen, besonderen Gangart - immer mit demselben Fuß zuerst. Sie können Türen öffnen und Bälle schießen, verlieren aber noch leicht das Gleichgewicht. Daneben purzeln ihnen ständig neue Wörter und Sätze aus dem Mund, und Sie lernen diesen kleinen neuen Menschen in Ihrem Haus richtig kennen. Für einen Zweijährigen ist die Welt groß und aufregend - alles muss entdeckt werden -, gleichzeitig fehlt ihm aber noch weitestgehend die Einsicht in die Folgen seines Tuns. Ein Mangel an Einsichtsvermögen kombiniert mit einem hohen Tempo stellt eine große Herausforderung dar. Sie als Eltern sollten einen Zweijährigen deshalb nie ganz allein lassen. Vieles kann innerhalb kurzer Zeit schiefgehen.

Das Kind wird jetzt den Klang der Sprache mögen, es genießen, mit anderen etwas zusammen zu machen und an etwas teilzuhaben, möchte Sie und das, was es in der Kita aufgeschnappt hat, nachahmen - auch wenn es noch nicht die Bedeutung des von ihm Geäußerten kennt.

Selbst dort, wo es zu Hause sehr streng zugeht, kann man Zweijährige wie Fußballfans fluchen hören.

Aber auch ihr Verständnis für die Dinge wächst rasant. Sorgen Sie dafür, dass Sie Ihrem Kind die Sprache als ein Instrument des sozialen Austausches und als Gehirnfutter mitgeben – lesen Sie Bücher mit Reimen und spielen Sie erste Regelspiele.

DREIJÄHRIGE – AUSPROBIEREN UND FEHLER MACHEN

«Das kann ich alleine!», schreit der Dreijährige. Und in gewisser Weise stimmt das auch, wenn seine Körperbeherrschung schon so ausgereift ist, dass er laufen, hüpfen, einfache Knöpfe schließen, mit dem Löffel essen und aus gewöhnlichen Gläsern trinken kann, ohne zu kleckern. Aber Dreijährige sind ebenso flink bei der Entdeckung ihres eigenen Ichs und ihres eigenen Willens. Sie als Eltern werden mit vielen Nein-Äußerungen und Aussagen wie «Das will ich aber nicht!» konfrontiert werden, und es wird zu einigen Konflikten mit anderen Kindern und Erwachsenen kommen – ganz besonders dann, wenn Erwachsene mehr von dem Kind erwarten, als es schon kann.

Die Sprachentwicklung ist jetzt so weit vorangeschritten, dass die Kinder vor Worten nur so übersprudeln. Dreijährige müssen aber erst mit ihren eigenen Gefühlen vertraut werden, und gerade jetzt müssen sie sich mit zahlreichen neuen und vielschichtigen Gefühlen auseinandersetzen. Stolz, Wut und Scham bilden sich heraus. Diese Gefühle verleihen Ihrem

Kind ein neues Verständnis dafür, was es heißt, Teil einer Gemeinschaft zu sein, geben Richtlinien vor für das gemeinsame Spiel mit anderen Kindern und das Teilen untereinander. Gerade weil das alles so neu ist, sind aber auch Auseinandersetzungen vorprogrammiert.

Als Eltern müssen Sie in diesem Alter noch stärker als zuvor Verständnis für Ihr Kind aufbringen, vermitteln und versuchen, das Verhalten des Kindes zu ergründen. Müssen fragen: «Was ist denn überhaupt passiert?» Das ist viel wichtiger als das, was Sie selbst tatsächlich glauben gesehen zu haben. Dreijährige sind noch nicht wie ältere Kinder in der Lage, zu formulieren, was vorgefallen ist, dabei brauchen sie noch Ihre geduldige Unterstützung.

VIERJÄHRIGE – «ICH KANN ALLES!»

Jetzt ist er da, der kleine Junge, der in jeder Hinsicht selbständiger geworden ist, das kleine Mädchen, das mit anderen Kindern spielt und sich erste Fragen darüber stellt, wie das Leben zusammenhängt. Die Großbuchstaben und Übertreibungen haben Einzug in ihr Leben gehalten, und es muss Sie nicht überraschen, falls Ihr Kind damit droht, von zu Hause auszuziehen. Vierjährige wollen sich mit allen ihnen zur Verfügung stehenden Mitteln ausdrücken. Spiele mit Körpereinsatz und das Tanzen sind in diesem Alter schöne Aktivitäten, es scheint so, als sei der Körper zu allem in der Lage.

Jetzt können Kinder auch schon manche Konflikte allein lösen, kommen beim Spielen mit Gleichaltrigen besser zurecht und klingen beinahe prahlerisch, wenn sie erzählen, was sie schon alles können. Dabei brauchen sie aber immer noch Eltern, die ihnen Halt geben. Sie dienen Ihren Kindern als Rückzugsort, als Rettungsnetz, falls etwas schiefläuft, und müssen ihnen die nötige Aufmunterung geben. Vierjährige überschätzt man leichter als Kinder anderen Alters. Nur zu schnell denkt man, das Kind sollte es besser wissen – und deshalb erteilt man auch zu schnell Strafen. Doch da sitzt man einem Irrglauben auf. Vierjährige brauchen Freiheit, brauchen aber auch Ihre unmittelbare Anwesenheit, Ihre Unterstützung und Orientierungshilfe – es gibt ungeachtet dessen noch so vieles, was sie nicht selbst können.

FÜNFJÄHRIGE – KLEINE PHILOSOPHEN

Ihr Körper ist jetzt schlanker, ihre Auffassungsgabe schneller, und urplötzlich sind aus kleinen Entdeckern kleine Philosophen geworden. Fünfjährige entwickeln sich immer mehr zu dem Typ Mensch, der sie auch später noch sein werden, und die Wesensunterschiede zwischen den Kindern treten deutlicher zutage. Gehört Ihr Kind vielleicht zu denen, die gerne etwas bauen oder zeichnen? Das Trotzalter liegt hinter ihnen, doch das bedeutet nicht, dass sie das gesamte Gefühlsrepertoire ausreichend erforscht hätten. Im Alter von fünf Jahren wenden sich die Gefühle der Kinder mehr auf sich selbst – jetzt treten häufig die ersten Anzeichen von Unsicherheit und Angst auf und die Kinder haben stärker als je zuvor das Bedürfnis, angespornt und ermuntert zu werden. Sie gehen nicht selbstverständlich davon aus, dass Sie an ihrer Seite sind, Sie müssen es ihnen unter Beweis stellen.

Jetzt ist das Kind auch in der Lage, komplexere Dinge zu erlernen, aber seine Konzentrationsspanne ist noch kurz. Ein Fünfjähriger kann viel Ausdauer bei selbstgewählten Dingen zeigen, möchten Sie dagegen vorgeben, was er üben oder worauf er sich konzentrieren soll, bleiben Ihnen höchstens fünf Minuten dafür. Entscheidend ist, dass die Einheiten nicht nur kurz, sondern auch kurzweilig sind.

SEINE VERHALTENS-MUSTER ÜBER-DENKEN

Jetzt kommt die Zeit, in der Sie mit Ihren eigenen Verhaltensmustern konfrontiert werden. Besonders wenn die Kinder in die Trotzphase kommen, wird man in ungeahntem Ausmaß auf die Probe gestellt. Womöglich hatten Sie ursprünglich vorgehabt, als Eltern geduldig und freundlich zu sein, bis Ihre Kinder plötzlich begannen, sich unaufhörlich am Esstisch zu zanken, oder Ihr Sohn in der Auseinandersetzung darüber, wie ein Schnürsenkel zu binden sei, im Hauseingang so handgreiflich wird, dass er Sie beinahe umwirft.

Jetzt werden Sie herausfinden, zu welchem Typ Eltern Sie gehören. Sie werden in diesen Jahren beinahe täglich in derartig fordernde Situationen geraten, und Ihre unmittelbare Reaktion darauf wird Sie enttarnen. Schlagen Sie zurück? Schütteln Sie Ihre Tochter ein wenig zu stark, sodass sie zu weinen anfängt? Oder schimpfen Sie mit Ihrem Kind, genauso wie Ihr Vater Sie immer angeschrien hat? Die meisten von uns werden an einen Punkt getrieben, an dem sie sich nicht wiedererkennen, oder man wird zu einer Version von sich selbst, mit der man nie wieder konfrontiert werden wollte.

Wir alle tragen unsere eigene Kindheit in uns. Für manche ist sie eine Last, für andere wiederum ein Leichtes und sogar mit schönen Erinnerungen verbunden. Aber wir alle sind auf die eine oder andere Weise von den Spuren unserer Kindheit gezeichnet: dem ersten Scham-, Angst- oder Traurigkeitsgefühl, dem Gefühl, verraten worden zu sein, oder von der Geborgenheit, die uns vermittelt wurde.

Perfekte Eltern gibt es nicht, dessen bin ich mir sicher. Wir alle haben ein paar Blessuren davongetragen, und unsere gesammelten Erfahrungen haben bestimmte Verhaltensmuster mit sich gebracht, automatische Reaktionsmuster. Diese Reaktionen kommen uns vielleicht selbstverständlich vor, doch deshalb sind sie noch lange nicht richtig. Und gerade jetzt – mit Kindern dieser Altersgruppe – werden Sie sich Verhaltensmustern gegenübersehen, die Sie geprägt haben.

Sie haben nun aber auch die Chance, diese Muster zu durchbrechen, zu ändern und Ihr Verhalten zu überdenken.

«Ich wurde die, die ich sein sollte»

Eines Tages bekam ich einen Anruf von Astrid, die ich schon einige Jahre kenne. Astrid ist streng religiös erzogen worden, in ihrem Zuhause wurde vieles als Sünde oder Verfehlung betrachtet und ihre Eltern griffen diesbezüglich hart durch. So erinnert sie sich daran, ab der frühesten Kindheit Prügel bekommen zu haben oder sich schämen zu müssen, bis sie sich eines Besseren besonnen hatte. Immer schwebte die Androhung über ihr, eine Sünde begangen zu haben, und sie brauchte viele Jahre, um ihren eigenen Weg zu finden, um sich wieder aufzurichten. Irgendwann bekam sie festen Boden unter die Füße, absolvierte ihre Wunschausbildung, heiratete einen netten Kerl und bekam Kinder. Bei ihrem Anruf aber war sie verzweifelt und erzählte, dass sie kurz vor dem Zusammenbruch stünde.

Astrid berichtete mir von einem Vorfall mit ihrer vierjährigen Tochter. Das Mädchen hatte sich selbst viel zu viel Kuchen genommen, und Astrid hatte sie deshalb zurechtgewiesen und auf ihr Zimmer geschickt. Dort sollte sie bleiben und sich schämen.

«Ich habe völlig die Kontrolle verloren, als ich sie ausgeschimpft habe. Ich wurde das Abziehbild meiner eigenen Mutter, obwohl ich mir doch unzählige Male geschworen habe, niemals so wie sie zu werden.»

Sie schilderte, wie sehr ihre Tochter geweint und mit wel-

> Wenn Sie Ihre eigene Kindheit besser verstehen und erkennen, was diese mit Ihnen gemacht hat, können Sie leichter eingefahrene Muster in der Kindererziehung durchbrechen.

chem Blick ihr Mann sie angesehen hatte, und dass sie anschließend selbst ganz aufgelöst gewesen war. Sie hatte einen langen Spaziergang unternommen, bis sie vollkommen erschöpft und am Boden zerstört gewesen war und insgeheim dachte, ob die Familie nicht besser ohne sie zurechtkäme, da sie ihnen nur schaden würde.

Es gibt viele Kleinigkeiten, die der Auslöser für solche «Überreaktionen» sein und dazu führen können, dass wir von unseren althergebrachten Verhaltensmustern eingeholt werden. Was Astrid betraf, so war sie mit zu vielen Dingen gleichzeitig konfrontiert worden: dem Essen, dem Schamgefühl, der Gier – auf einmal stellte alles ein Problem dar. Was dabei herauskam, war nicht schön, aber sie konnte selbst erkennen, dass sie falsch gehandelt hatte. Sie war stärker gefestigt als in ihrer Kindheit, hatte einen Partner, der sie mit einem Blick zur Räson brachte, einem Blick, der sagte: «So wollten wir unsere Kinder aber nicht erziehen.»

Trotz ihrer Verzweiflung hatte sie alles, was ihr half, aus ihren eingefahrenen Mustern auszubrechen.

Übereilte Reaktionen

Viele von uns hätten eine bessere Kindheit verdient gehabt. Darunter sind diejenigen, die gelernt haben, auf Distanz zu gehen, ihre Gefühle zu verbergen, mit Wut zu reagieren, die sich schneller als andere bedroht fühlen. Menschen, die andere wegschieben, wenn diese Nähe bei ihnen suchen, oder chaotische Zustände durch Maßnahmen zu kontrollieren versuchen, die ihnen das Gefühl der Ordnung geben.

Solche Verhaltensmuster können deutlich und heftig ausfallen oder geringer ausgeprägt sein und sich im Verborgenen abspielen. Die Summe all dieser Erfahrungen kann einem als Erwachsenen dienlich sein, allerdings niemals im Familienleben. In einer Familie geht es um ein Miteinander und darum, einander nahe zu sein, wenn es Probleme gibt, nicht darum, jemanden von sich wegzuschieben, um die Beherrschung zu wahren.

Die Herausforderung im Umgang mit althergebrachten Verhaltensmustern ist ihr unerwartetes Auftreten. Die Reaktion auf das Verhalten der Kinder kommt urplötzlich. Und gerade dann hängt man leicht dem Glauben an, dass diese richtig war – weil sie so automatisch abläuft. Man denkt entweder, diese heftige Reaktion sei gerechtfertigt, weil es wichtig ist, dem Kind klarzumachen, was richtig oder falsch ist, oder man begnügt sich damit, festzustellen, dass man ja sowieso nichts daran ändern könne. «So bin ich nun mal», sagt man sich dann mit einem Schulterzucken.

Viele reagieren mit Unbehagen, erkennen sie solche Seiten an sich, was wiederum noch weniger dazu führt, sich mit diesen eingefahrenen Verhaltensweisen auseinanderzusetzen. Statt ihnen nachzugehen und herauszufinden, woher sie rühren, möchte man seine Reaktion auf den ganzen Zwischenfall am liebsten vergessen und begraben und hofft, dass so etwas nicht wieder vorkommt.

Allen, denen dergleichen schon einmal widerfahren ist, sage ich, dass ein solches Ereignis eine Einladung ist – eine Einladung, sich als Mensch und als Eltern zu verbessern.

Starke und dominante Emotionen wie Schuld- oder Schamgefühle überträgt man besonders leicht auf die eigenen Kinder. Wurde man selbst so erzogen, ist man gewissermaßen geübt darin. Diese Reaktion ist dann beinahe selbstverständlich, auch wenn sie falsch und schädlich im Umgang mit Kindern ist. Viele dieser Muster, die einem von Kindesbeinen an vertraut sind und damals nützlich waren, können heute nachteilig sein.

Ich glaube, dass jede Generation Dinge besser als die vorige machen kann, dass wir alle unsere persönliche Familiengeschichte und die erlernten Kindheitsmuster irgendwie zum Positiven hin beeinflussen können. Das erhoffe ich mir nicht zuletzt für mich selbst, und ich erkenne es im Leben der Menschen, die mir in meinem Beruf als Therapeutin begegnen. Einen Partner zu haben, erleichtert die Angelegenheit – dann ist man nicht allein, sondern hat jemanden, mit dem man die Verantwortung für die Kinder teilen und der einem einen Spiegel vor Augen halten kann. Sind Sie alleinerziehend, dann sind Sie noch stärker als andere in der Pflicht, Ihr Verhalten zu reflektieren. Dann müssen Sie Ihre innere Stimme sprechen lassen, um die größten Klippen zu umschiffen beziehungsweise festgefahrene Muster aufzulösen.

Innehalten und nachdenken!

Nach Astrids Anruf lud ich ihren Mann und sie zu einem Gespräch ein. Sie hatte bisher kaum über die Vorkommnisse aus ihrer Kindheit geredet und wollte am liebsten, dass niemand davon erfuhr. Jetzt aber erzählte sie von den Bestrafungen und der Scham, von allem, was sie bisher für sich behalten hatte. Niemand von uns ist ein unbeschriebenes Blatt, wir alle tragen unsere eigene Geschichte mit uns herum. Astrids Mann berichtete ebenfalls Einzelheiten aus seiner Kindheit, von denen sie nichts gewusst hatte. Schämen wir uns für etwas, kann das dazu führen, dass wir Dinge und Menschen von uns wegschieben. Dieses Gespräch gab beiden die Möglichkeit, ihre Erfahrungen miteinander zu teilen und sich dadurch näherzukommen.

Sich mit seinen Verhaltensmustern auseinanderzusetzen bedeutet zuerst, innezuhalten. Sie sollten spüren, dass sich etwas falsch anfühlt, und versuchen, Ihre womöglich vorschnelle Reaktion zu dämpfen. Stellen Sie sich selbst die Frage: «Möchte ich so eine Mutter / so ein Vater sein?» Anschließend sollten Sie Ihr Verhalten hinterfragen: «Weshalb habe ich so reagiert? Woher rührt diese Reaktion?», und davon ausgehend darüber nachdenken, wie Sie die jeweilige Situation besser lösen könnten.

Werden wir durch unsere Kinder einerseits besonders stark mit unseren alten Verhaltensmustern konfrontiert, bieten sie uns andererseits auch die Gelegenheit, die Dinge zum Positiven hin zu verändern und selbst zu zufriedeneren Menschen zu werden.

In meiner Praxis brachte Astrid erneut das Gespräch auf den erwähnten Vorfall mit ihrer Tochter. «Klar», räumte sie ein, «ich hätte auch sagen können: ‹Hat der Kuchen so lecker geschmeckt? Das freut mich, trotzdem schaffst du es nicht, so viel davon zu essen. Nimm dir erst einmal nur ein Stück, du kannst dir danach immer noch etwas nehmen.›»

Das mag sich simpel anhören, kann einen aber manche Überwindung kosten, wenn tief in einem verankerte Gefühle Regie führen wollen. Doch machen Sie sich eines immer wieder bewusst – diese Reaktionsmuster und Gefühle sind veraltet und nicht länger angebracht. Suchen Sie lieber nach neuen Verhaltensoptionen und lassen Sie diese den Ton angeben. Diese Auseinandersetzung mit sich selbst kann mühsam sein, aber sie lohnt sich – für Sie persönlich und für Ihr Kind.

> **SCHRITT FÜR SCHRITT ZU IHREM PERSÖNLICHEN ERZIEHUNGSSTIL**
>
> 1. Machen Sie sich bewusst, dass Kinder im Kindergartenalter uns als Eltern auf eine ganz neue Weise herausfordern – deshalb lernen wir auch so viel von ihnen. Sehen Sie dies als Chance.
> 2. «Weshalb habe ich so reagiert?» Halten Sie inne und denken Sie nach, wenn sich Ihr Verhalten zu verselbständigen droht.
> 3. Fragen Sie sich: «Was könnte ich stattdessen tun?» Suchen Sie nach Alternativen. Sie müssen nicht in jeder Hinsicht perfekt reagieren, sollten aber zu dem, was Sie tun, stehen können.
> 4. Helfen Sie einander! Sprechen Sie mit Ihrem Partner über derartige Situationen, diskutieren Sie diese, finden Sie Ihren persönlichen (Erziehungs-)Stil, Ihre Herangehensweise. Vergessen Sie nicht, dass jeder von Ihnen seine eigene Geschichte im Gepäck hat, und schreiben Sie gemeinsam eine neue.

Die Scham und Versagensgefühle

Es gibt Situationen, in denen es so scheint, als würden Sie als Eltern von allen bewertet werden. Vielleicht haben Sie den Eindruck, Ihren eigenen Ansprüchen nicht zu genügen oder denen, die andere an Sie stellen?

Ich weiß noch, wie ich mich für die miserabel gefüllten Brotdosen schämte, die ich meinen Kindern in die Kita mitgab. Andere

Eltern zauberten durchdachte Kreationen mit Obst und Gemüse, während meine Kinder mit etwas vor dem Aufbruch rasch Zusammengesuchtem daherkamen. Mein Mann hatte noch dazu kein Auge dafür, ob die Kleidung der Kinder noch voller Flecken vom Essen des Vortages war, und wenn mir so etwas auffiel, war es meistens schon zu spät, um noch etwas daran zu ändern. Für was für Eltern uns die anderen wohl halten mochten? Ich merkte, wie mir bei diesem Gedanken die Schamröte ins Gesicht stieg.

Scham ist ein überwältigendes und niederschmetterndes Gefühl. Es führt dazu, dass wir uns am liebsten irgendwo verkriechen würden, im Boden versinken oder unsichtbar werden wollen. Schamgefühle machen es einem schwer, klar zu denken – und sie sind im Familienalltag immer ein Störfaktor. Kinder brauchen Eltern, die bei auftauchenden Schwierigkeiten ein Fels in der Brandung sind, keine Eltern, die das Weite suchen.

Schamgefühle machen einsam, und wenn sie zu viel Raum einnehmen, stellen sie eine Blockade in der Beziehung zu Ihren Nächsten dar. Sie hindern Sie daran, dem Kind das zu geben, was es am meisten braucht – Kontakt und emotionale Nähe.

Werden Sie von einem aufwallenden Schamgefühl überrollt, werden Sie Ihr Kind kaum an der Hand fassen und sagen: «Komm, wir gehen nach Hause, legen uns aufs Sofa und machen es uns gemütlich.» Das Gegenteil ist der Fall. Sie möchten am liebsten Ihr Handy hervorkramen, im Internet die Nachrichten durchscrollen, allein ein Glas Rotwein trinken. Sie wenden sich von Ihrem Kind ab, anstatt sich ihm zuzuwenden und sich ihm zu widmen.

Von hier aus ist es nicht mehr weit bis zu einem verheerenden Automatismus, bei dem Sie sich häufig, ohne es selbst zu merken, zurückziehen. «Wir sind gescheitert. Uns fehlt das nötige Etwas. Wir sind schlechte Eltern.»

Eine gegenteilige Reaktion wäre die Lösung. Wollen Sie Ihren Job als Eltern gut machen, sollten Sie netter mit sich selbst umgehen. Selbstkasteiung bringt nichts, akzeptieren Sie lieber, dass niemand fehlerlos ist, dass das Ergebnis manchmal nur mittelmäßig ist.

Entwickeln sich Dinge nicht so, wie Sie es sich vorgestellt haben, und Sie kommen sich wie ein Versager vor, dann sollten Sie diesen Gedankengang zulassen: «Ja, so ist es heute nun mal gekommen. Beim nächsten Mal müssen wir die Sache besser machen.» Aufeinander zuzugehen und sich einander zuzuwenden, ist das das einzige «Gegengift», das gegen die Scham hilft. Nehmen Sie die Hand des Kindes, lächeln Sie den anderen zu und machen Sie sich bewusst, dass die meisten Leute genug mit sich selbst zu tun haben und Ihnen deshalb gar keine so große Aufmerksamkeit schenken, wie Sie vielleicht meinen.

Manchmal schämen wir uns auch für das eigene Kind. Vielleicht sagt Ihre Tochter etwas Unpassendes, verhält sich rücksichtslos, redet zu laut oder versteckt sich, wenn Sie möchten, dass sie offen auf andere zugeht? Vielleicht trifft Ihr Kind bei Ihnen einen Nerv und Sie schämen sich für sich selbst, oder es tut etwas, für das Sie als Kind selbst Kritik einstecken mussten? Dann sollten Sie sanft und verständnisvoll mit Ihrem Kind umgehen, auch wenn Sie als Kind anders behandelt wurden. Sie müssen Sicherheit ausstrahlen und Ihr Kind davon überzeugen, dass alles in Ordnung kommen wird. Kinder können nicht gut damit umgehen, ihr Gesicht zu verlieren. Wir Erwachsenen können viel bewirken, wenn wir unserem Kind gerade in schwierigen Situationen Verständnis entgegenbringen. Damit gewinnt man weitaus mehr, als wenn man aus einem eigenen Schamgefühl heraus das Kind dazu bringt, Scham zu empfinden.

Mir ist in letzter Zeit häufig durch den Kopf gegangen, wie wir Eltern manchmal miteinander umgehen. Wenn wir uns besser fühlen wollen, ist der unmittelbare Impuls von uns Menschen häufig, daran zu denken, dass andere es noch schlechter machen als wir. Das aber hilft nur vorübergehend und ist kein gutes Rezept. Wir alle sollten uns bemühen, einander wohlwollender zu begegnen. Kommen Eltern mit ihrem Kind verspätet zu einer Geburtstagsfeier, sind sie deshalb noch lange keine schlechten Eltern. Denken Sie dann lieber: «Das kennen wir alle, vieles kann dazwischenkommen, wenn man mit zwei kleinen Kindern das Haus verlässt.»

Wir alle sind eines Tages einmal auf das Verständnis der anderen angewiesen.

Die Mutter und der Vater in Ihnen

Hat man selbst Kinder, kommt leicht das Gefühl auf, in der eigenen Kindheit hätten Dinge anders oder besser laufen müssen. Wenn man das kleine, verletzliche Kind vor sich sieht, wird einem das noch einmal besonders bewusst: So wie man angesehen wurde, wie mit einem gesprochen oder wie man angefasst wurde, so würde man es niemals mit seinem eigenen Kind tun. Auf einmal kann es «Klick!» machen und alte Kindheitserinnerungen werden ganz anders als früher bewertet. Vielleicht beobachten Sie bei Ihren Eltern im Umgang mit ihren Enkelkindern auch jetzt wieder dieselben Verhaltensweisen: «Diese Distanz haben sie mir gegenüber auch gezeigt», «Mit diesem harten, verurteilenden Blick haben sie mich auch angesehen».

Wird einem bewusst, dass man etwas anderes weitergeben möchte als das, was die eigenen Eltern einem einst mitgegeben haben, empfindet man schnell Wut oder ist verzweifelt. Doch obwohl sich das vielleicht seltsam anhören mag: Um etwas daran zu ändern, müssen Sie erst ergründen, weshalb Ihre Eltern früher so gehandelt haben. Versuchen Sie nicht gleich, böse Absichten dahinter zu sehen. Ihre Eltern hatten vielleicht auch mit ihrer Kindheit zu kämpfen, haben Sie zu anderen Zeiten und unter anderen

Umständen großgezogen – sie hatten ihre ganz eigenen Mittel in der Kindererziehung. Vermutlich haben sie auch ihr Möglichstes getan, wie gut oder schlecht das Ergebnis auch ausgefallen sein mag.

Für den Rest des Lebens wütend auf Ihre Eltern zu sein, hilft Ihnen nicht im Umgang mit Ihrem eigenen Kind. Ihre Eltern werden vielleicht nie nachvollziehen können, was sie getan haben oder welche Auswirkungen das auf Sie hatte, und Sie müssen auch keinen engen Kontakt zu ihnen pflegen oder Frieden mit ihnen schließen – aber Sie sollten Ihnen nicht nur Negatives unterstellen, sonst können Sie nicht damit leben, wie es nun einmal gewesen ist. Und aus ungelösten Konflikten erwächst Bitterkeit. Gelingt es Ihnen, Ihre eigenen Verletzungen versöhnlich zu betrachten, wird es Ihnen leichter fallen, liebevoll mit Ihrem Kind umzugehen.

Nach vielen Berufsjahren weiß ich, dass die Abrechnung mit der Vergangenheit selten positiv ausfällt und man selten Verständnis für den anderen aufbringt und vergibt. Menschen sind Meister darin, sich alles im Nachhinein schönzureden. «Ich habe mein Bestes getan», sagen wir. Oder: «Es gab keine andere Möglichkeit.» Ihre Eltern haben ihr Leben gelebt, und für niemanden ist es einfach, zu sagen: «Heute ist mir klar, dass ich das hätte anders machen sollen.» Einen Schlussstrich unter die Angelegenheit zu ziehen und sich zu sagen: «Es ist, wie es ist, ich muss damit leben», ist meistens die beste Strategie.

Gelangen Sie zu dieser Einsicht, können Sie sich auf das konzentrieren, was wirklich zählt: die Beziehung zu Ihrem Kind – Ihr gemeinsames Leben, Ihre Zukunft.

Und auf diesem Gebiet können Sie tatsächlich etwas zum Besseren hin ausrichten. Hier können Sie Kurskorrekturen vornehmen, Dinge anders machen, Ihrem Kind bessere Voraussetzungen schaffen, als Sie selbst sie hatten.

Mehr können Sie nicht verlangen.

DAS TROTZALTER

Als mein jüngerer Sohn zwei Jahre alt wurde, entdeckte ich eine ganz neue Seite an ihm – und an dem Mann, den ich liebe. Aber lassen Sie mich mit meinem Sohn anfangen. Er war der liebste kleine Kerl, den man sich denken kann, und wenn er lächelte, grinste er bis über beide Ohren. Die Erzieher im Kindergarten waren ganz vernarrt in ihn, die anderen Eltern konnten nicht anders, als ihn zu mögen, und zu Hause war er umgänglich und folgsam. Doch dann änderte sich alles.

Eines Tages wachte er auf und erklärte sich daheim zum Boss. Bat man ihn, zu essen, sich anzuziehen, das zu tun, was man ihm sagte, war seine Reaktion darauf ein lautstarkes und deutlich geäußertes «Will ich nicht!». Diese Haltung musste erst einmal interpretiert werden, ich musste nachvollziehen, was dahintersteckte, bevor ich die Situation schließlich lösen konnte. Er dagegen schien geradezu von einem Glücksrausch erfasst worden zu sein, endlich über sich selbst bestimmen zu können. Und das tat er mit Nachdruck, um uns zu demonstrieren, wie ernst es ihm damit war.

Ich hatte das vorher schon oft erlebt – bei meiner Arbeit und bei meinem Sohn aus erster Ehe. Ich wusste, dass es nur eine vorübergehende Phase war. Das Kind und die restliche Familie würden nach einer Weile gut mit diesem sagenhaften Gefühl der Freiheit, Nein sagen zu können, leben können. Diese Veränderung von einem kleinen Kind, das angezogen, gefüttert und zu Bett gebracht werden muss, das in jeder Hinsicht von einem abhängig ist, hin zu einem Kind, das so deutlich und selbstbewusst äußert, was es will und wie es die Sache sieht, fällt erst einmal heftig aus. Diese Veränderung ist allerdings absolut notwendig. Wir müssen uns daran gewöhnen, dass aus Babys starke Individuen werden, wobei die Auseinandersetzungen mit dem Kind unterschiedlich stark ausfallen können.

Mein Partner war damals zum ersten Mal Vater geworden und hatte so etwas noch nie zuvor miterlebt. Es war ein Schock für ihn, dass sich sein liebenswürdiges Baby in ein Wesen verwandelte, das gegen alles und jeden lautstark protestierte. Er löste das Problem wie viele Eltern vor ihm: Setze dem Widerstand selbst Widerstand entgegen. Er wollte unserem Sohn zeigen, wer das Sagen hatte, bestand darauf, recht zu behalten, und blieb beharrlich, bis er zu unserem Sohn durchdrang – was irgendwie ja auch verständlich war. Das Ergebnis davon war aber, dass ich es von nun an mit zwei Trotzköpfen zu tun hatte. Und das war definitiv einer zu viel.

Vermeiden Sie Machtkämpfe

Ich persönlich habe das Wort «Trotzalter» nie für besonders treffend gehalten. Kinder leisten nicht absichtlich oder aus einer Laune heraus Widerstand, sie sind nicht «trotzig». Wir sollten ihr Verhalten daher lieber mit einer Formulierung wie «das Alter, in dem verschiedene Erwartungen aufeinanderprallen» umschreiben. Kinder entdecken das Wort «Nein» für sich und finden es geradezu sagenhaft. Damit können sie plötzlich das ausdrücken, was sie vorher nicht äußern konnten. Einen eigenen Willen zu haben, kommt wirklich einem Glücksrausch gleich. Und weil das so toll und so neu ist, wird das Kind dieses Wort übertrieben häufig gebrauchen. Gleichzeitig weckt das wachsende Sprachverständnis allerlei Sehnsüchte und Erwartungen im Kind, die es aber noch nicht ausreichend deutlich machen kann. Mit anderen Worten: Im Kopf des Kindes spielt sich ein Film ab, in dem seine Erwartungen gezeigt werden, aber diesen Film kann nur das Kind sehen. Wenn Sie sich etwas anderes vorstellen, ist die Enttäuschung bei einem Zwei- bis Dreijährigen riesengroß, denn seine Erwartungen bleiben so unerfüllt.

Der Trick bei der Sache ist, nicht jede dieser Situationen in einen Machtkampf ausarten zu lassen. Wenn jede Mahlzeit, jedes Anziehen, jedes Zubettgehen, jedes Zähneputzen zu einem Kampf wird, endet das entweder damit, dass das Kind als Sieger aus der Konfrontation hervorgeht oder Sie.

Deshalb macht es keinen Sinn, einen Dreijährigen herauszufordern. Vielleicht befinden Sie sich auf einem Besuch bei den Schwiegereltern, die meinen, das Kind sollte jetzt gerade nicht seinen Willen bekommen, und Sie möchten ihnen gerne zeigen, wer hier das Sagen hat, aber damit begeben Sie sich nur in einen für das Kind schädlichen Machtkampf.

Erinnern Sie Ihre Schwiegereltern lieber daran, dass sie nahezu alles entscheiden, was für das Leben des Kindes relevant ist – sie bestimmen darüber, wo es sich aufhält, was auf den Teller kommt, in welchem Bett es schläft – «Sie macht gerade nur eine Phase durch», können Sie sagen und eine Lösung für die Situation finden, bei der alle gewinnen. Finden Sie eine passende Herangehensweise und vermeiden Sie Kampfsituationen mit dem Kind, in denen Sie als Erwachsene schnell zu viel Kraft einsetzen.

Das Kind als Verlierer

Verliert ein Kind immer und immer wieder gegen jemanden, der ihm überlegen ist, bleibt es mit einem schlechten Gefühl zurück – und lernt daraus bloß, dass einem nur rohe Gewalt etwas bringt. Brechen Sie den Widerstand eines Zwei- oder Dreijährigen, erwächst daraus entweder ein ängstliches Kind, das sich selbst nicht richtig kennt, oder ein so unnachgiebiges, dass Sie keine Chance mehr gegen es haben, wenn es älter wird. Dann sind Sie völlig machtlos und besitzen keinerlei Autorität. Eigentlich geht es nur um eines – um ein Vertrauensverhältnis zwischen Eltern und Kind – nicht um Dominanz.

An diesem Vertrauen müssen Sie Jahr für Jahr arbeiten, sodass es unerschütterlich ist, wenn Sie und das Kind sich eines Tages ebenbürtig sein werden.

Heißt das dann im Umkehrschluss, dass Sie das Kind einfach immer «gewinnen lassen» sollen? Die Antwort lautet: Nein. Aber vielleicht sollten Sie die Angelegenheit anders betrachten. Dies ist kein Wettbewerb, bei dem es Sieger und Verlierer geben muss – das Kind muss jetzt noch nicht alle gnadenlosen Spielregeln des Lebens kennenlernen. Betrachten Sie die Sache lieber wie einen Slalom – es kommt darauf an, die Hindernisse sicher zu umrunden und nicht jedes Tor zu rammen, das in Sichtweite kommt.

Die Auseinandersetzung darüber, wer entscheiden darf und wer nicht, ist in Wahrheit ziemlich sinnlos. Ihr Kind weiß sehr wohl, wer der Boss ist. Ihre Aufgabe ist es, ein guter Boss zu sein.

Den Willen als etwas Positives sehen

Zeuge dieser Phase im Leben des Kindes zu sein, ist eigentlich eine tolle Sache. Dass Ihr Kind lernt, Grenzen zu setzen, dass er oder sie selbständig wird, ist schließlich etwas Positives. Sie möchten ein Kind haben, das spürt, wenn etwas nicht in Ordnung ist, das Ihnen mitteilt, wo seine persönliche Grenze verläuft, das schlechten Freunden eine Abfuhr erteilen kann, das eines Tages die richtige Person für den ersten Sex wählt, jemanden, der selbst Grenzen setzen kann. Das sind Schlüsselqualifikationen für das ganze Leben – und diese Phase ist der Anfang davon. Das «Ja»- und «Nein»-Sagen-Lernen ist dafür unabdingbar.

Führen Sie sich aber auch immer wieder vor Augen, dass Ihr Kind noch ein Anfänger auf diesem Gebiet ist. Es ist begrüßenswert, dass es Grenzen für sein eigenes Ich setzt, dass es seinen erstarkenden Willen zeigt, aber es braucht auch noch Zeit, um sich darin zu üben. Und an wem üben die Kinder das? Natürlich an den ihnen am nächsten Stehenden, an denen, die am meisten Sicherheit versprechen – an Ihnen.

Deshalb sollten Sie dafür sorgen, dass sie es auch sicher üben können. Das Kind soll selbstverständlich nicht jedes Mal recht bekommen – Kinder werden auf den seltsamsten Dingen beharren und sich irren, aber das ist nie gegen Sie persönlich gerichtet. Kinder tun ihr Möglichstes.

Wenn Sie eine warme Mahlzeit servieren und Ihr Kind sich weigert, Mohrrüben zu essen, sollten Sie denken: «Na ja, es hat immerhin seinen Willen geäußert.» Mohrrüben wird es auch in einem Jahr noch geben – dass das Kind sie jetzt nicht essen will, ist keine Katastrophe.

Das erfolgversprechendste Rezept lautet, mit den Kindern zu reden, mit ihnen Bücher zu lesen, zu kuscheln und Zeit mit ihnen zu verbringen. Wird das Kind demnächst vier, ist seine Sprachkompetenz so gewachsen, dass es mehr von dem kommunizieren kann, worüber es nachdenkt und was es sich ersehnt. Es lernt auch, wann ein Nein sinnvoll ist und wann nicht. Gleichzeitig wächst sein Einsichtsvermögen, dass andere Menschen Dinge anders sehen als es selbst und anders darüber denken.

Bis es so weit ist, müssen Sie Ihrem Kind helfen und es entsprechend anleiten. Diese Phase hält nämlich viele Enttäuschungen für das Kind bereit.

SPIELEN IST ALLES!

Zu spielen bedeutet, der Phantasie freien Lauf zu lassen. Das Spielen gibt dem Kind alles, was es braucht, dabei lernt es alles Nötige, um zu wachsen und sich neues Wissen anzueignen. Das freie Spiel ist dabei besonders wichtig. Hier können die Kinder selbst die Führung übernehmen, und ihre Phantasie und ihr Herz weist ihnen den Weg.

Als Eltern werden Sie feststellen, dass die Zeitspanne vom zweiten bis zum sechsten Lebensjahr eine Menge phantastischer Entwicklungsschritte beinhaltet und das Kind schier unglaubliche Fortschritte macht – im Spiel ist das am deutlichsten erkennbar. Sie selbst werden dabei vom aktiven Spielteilnehmer zum außenstehenden Betrachter.

Viele machen sich Sorgen darüber, ob ein Zweijähriger lernen wird, selbständig zu spielen, wenn er andauernd von einem Elternteil begleitet wird. Tatsächlich kommen Kinder dieses Alters schon gut allein zurecht – wenn sie selbst dafür bereit sind und sich ausreichend sicher fühlen. Und diese Sicherheit gewinnen sie im Kontakt zu ihren Lieblingsmenschen.

Verfolgen Sie, was Ihr Kind gern tut, wovon es mehr machen, was es weiter erforschen möchte. Mit der Zeit geschieht immer mehr auf die

Initiative Ihres Kindes hin. Sie können gerne Dinge vorschlagen, versuchen Sie aber nicht, Ihren Willen durchzusetzen. Das hat dann nichts mehr mit Spielen zu tun.

Zweijährige werden sich immer noch an «Guck-guck-Spielen» in fortschrittlicheren Varianten erfreuen. Sich zu verstecken oder sich «einzupacken», ist weiterhin sehr beliebt. Dazu kommt eine neue Dimension ins Spiel: Den Kuscheltieren wird Leben eingehaucht. Sie können aufstehen und gehen, sie bekommen eine Stimme und Persönlichkeit, und Teddys und Puppen werden so zu guten Kameraden. Spielen Sie ruhig mit und geben Sie den Schmusetieren eigene Stimmen und verschiedene Ausdrucksweisen – das hilft den Kindern, Verständnis für die Sichtweisen und Gefühle anderer zu entwickeln. Und genauso wichtig – es macht Spaß!

Einfache Puzzlespiele, Bauen mit großen Bauklötzen und Steckkästen sind für Kinder dieses Alters auch perfekt. Das Wichtigste für einen Zweijährigen aber ist das Gefühl, von Nutzen zu sein, deshalb sind alle Arten von Mithelfer-Aktivitäten beliebt. Selbst Geschirr abzutrocknen ist so toll, dass es die Überschwemmung wert ist, und gemeinsam mit Ihnen eine Waschmaschine einzuräumen, kann der Gipfel allen Glücks sein. Spielküchen und Werkbänke stehen hoch im Kurs. Das Kind möchte zeigen, dass es etwas beitragen kann, dass etwas aus ihm werden kann. Beziehen Sie es in das Spiel mit ein!

Dreijährige können mit einfachen Rollenspielen anfangen, in denen sie den Mitspielern verschiedene Rollen zuteilen und ihnen Charaktere und Stimmen verleihen, die passend sind. «Mama-Papa-Kind»-Rollenspiele gehören für die meisten zu den ersten dieser Art. Das Aha-Erlebnis für Eltern kann ziemlich groß ausfallen, wenn die Tochter spielt, wie ihr Vater vor dem Fernseher einen Wutausbruch bekommt oder die Mutter gestresst reagiert. Dabei bekommen Sie wirklich einen Einblick, wie Ihr Kind Sie sieht, und was er oder sie nachspielen muss. Inzwischen ist die Koordination und Feinmotorik besser ausgebildet, sodass Dreijährige fortschrittlichere Bau- und Konstruktionsspiele spielen können und die Bauklötze kleiner ausfallen dürfen. Manche Kinder lieben es jetzt auch, Perlen zu stecken und zu malen. Geben Sie ihnen ruhig die Möglichkeit, Verschiedenes auszuprobieren. Glauben Sie aber nicht, dass ein Künstler aus Ihrem Kind wird, wenn Sie es dazu drängen, jetzt schon viele Stunden auf das Malen zu verwenden. Der Ausdruck und das Spiel müssen sich von selbst ergeben.

Vierjährige übernehmen Kontrolle über Spielsituationen, sie holen sich das, was ihnen fehlt, um das Spiel so gut wie möglich zu spielen. Jetzt entwickelt sich das Rollenspiel zu einer ganz eigenen Welt für die Kinder und sie erwecken es mit ihrer ganzen Phantasie zum Leben. Doktor-Spiele und Lieblingsfiguren aus TV und PC-Spielen geben den Ton an. Ihr wichtigster Beitrag ist es, dem Kind die nötige Zeit für das Spiel zu geben und noch hin und wieder als Spielkamerad einzuspringen. Manchmal ist Ihre Teilnahme begrüßenswert. Dann setzen Sie sich zu den Kindern und spielen mit, das festigt die Bindung zwischen Ihnen.

In diesem Alter verbessert sich auch der Gleichgewichtssinn der Kinder. Das eröffnet ganz neue Möglichkeiten für körperliche Betätigungen. Laufrad fahren, klettern, Skateboard fahren – ja, jetzt kann es schnell gehen! Lassen Sie Ihrem Kind diese Möglichkeit zur Entfaltung, sowohl im Reich der Phantasie als auch da, wo es um Körpereinsatz geht.

Fünfjährige halten alles für möglich. Und zwar wirklich alles! Jetzt gehen sie vollkommen im Phantasiespiel auf. Eine Rakete zu bauen und vor dem Mittagessen zum Mars zu fliegen, ist gar kein Problem für Kinder dieses Alters. Nach dem Essen kann man dann prima Prinzessin auf einem großen Schloss sein und den Tag als Superheld beenden, der über den Atlantik fliegt. Ein fünfjähriges Kind kann in sämtliche Rollen hineinschlüpfen und wieder hinaus, Grenzen setzt ihm nur die eigene Phantasie. Ihr Kind strebt danach und lernt auf diese Weise, dass alles möglich ist. Die Welt ist groß, und seinen Platz darin zu finden bedeutet, alles auszuprobieren. Phantasiespiele vermitteln Selbstvertrauen und fördern Unternehmungsgeist. Das Spiel soll und darf nicht realistisch sein. Jetzt hat das Phantasiespiel seinen Höhepunkt erreicht – lassen Sie ihm freien Lauf!

Darüber hinaus kommt in diesem Alter auch das Interesse für Buchstaben und fortgeschrittenere künstlerische Ausdrucksformen auf. Malen, Zeichnen, Perlen stecken, alles, was etwas mit Formen und Farben zu tun hat, hat im Herzen eines Fünfjährigen seinen Platz. Lassen Sie die Kinder spielen und sich frei entfalten, lassen Sie sie zu fremden Planeten fliegen und in Phantasiegebäude einziehen. Bald schon beginnt das Schulalter und die Kinder werden zunehmend ernster.

Aber ...

«Mein Kind spielt ganz andere Sachen», denken Sie womöglich. Ja, Kinder sind verschieden. Manche sind ganz versessen darauf, etwas zu bauen und zu konstruieren, andere wiederum mögen Gruppen- und Rollenspiele. Zeitweise kann ein bestimmtes Spiel völlig dominieren. Welche Art Spiel das Kind beherrscht, ist nicht ausschlaggebend, sondern dass Sie als Eltern neugierig sind und die Entwicklung des Kindes verfolgen – und Respekt gegenüber seinen Spielen haben.

Sorgen Sie für genügend Zeit und Raum für freies Spiel, und tragen Sie dazu bei, dass das Kind selbständig und selbstsicher werden kann.

GRENZEN UND KONSEQUENZEN

Im Kindergartenalter sind Kinder die größten Erforscher. Was passiert, wenn ich hier drücke? Was, wenn ich das hier zu Boden schmeiße? Schaffe ich es, auf diesem Tisch zu stehen? Der kleine Anfänger ist voller Bedürfnisse und Ambitionen. Sie sollten in dieser Zeit zu einem familiären Gleichgewicht finden, das für alle Familienmitglieder passt – das Kind soll sich entfalten dürfen, aber wenn es alles bestimmen darf, wird Ihr Zuhause aus den Fugen geraten. Jede Familie muss für sich entscheiden, wann und wie sie dem Kind Grenzen setzen will. Manche Eltern haben nichts dagegen, wenn der Nachwuchs auf dem Sofa herumspringt, während andere es schon für eine Katastrophe halten, wenn aus den Sofakissen Häuser gebaut werden. Das Kind wird sich meistens den Gegebenheiten vor Ort anpassen. Wichtig ist nur, dass bei Ihnen zu Hause auch Raum für das Kind ist. Besitzen Sie teure Designerstühle, sollten Sie es lieber aushalten können, dass diese etwas im Wert sinken, als sie dort hinzustellen, wo man nicht so gut auf ihnen malen kann.

Drohen Sie den Kindern Konsequenzen an oder ziehen Sie die Grenzen zu eng und zu starr, wird das auf Kosten Ihrer guten Beziehung zum Kind gehen. Andererseits: Bekommt das Kind keine klaren Grenzen gezeigt, auf die es sich einstellen kann, erhält es keine Vorstellung davon, was erlaubt ist und was nicht, ist verwirrt und tut sich schwer damit, sich in das soziale Umfeld einzufügen, das es nun betritt.

Die Grenzen zu kennen bedeutet, eine Ausgewogenheit zu finden, die für alle Sinn macht.

Es gibt richtig und es gibt falsch. Die Welt besteht aus lauter Grenzen und Konsequenzen. Es ist an Ihnen, sie dem Kind auf eine schonende Weise zu vermitteln.

Machtausübung und Konsequenz

Eine Mutter meldete sich bei mir, weil sie Rat im Umgang mit ihrem zehnjährigen Sohn suchte. Der Junge hatte große Probleme damit, seine Gefühle zu beherrschen, vor allem seine Wut. Er war ein schlechter Verlierer, und selbst die kleinsten Rückschläge im Alltag waren für ihn katastrophal. Wir unterhielten uns darüber, wie sie und ihr Mann besser damit umgehen könnten. Dabei äußerte sie in einem Nebensatz, sie fände das Verhalten ihres Sohnes seltsam, weil sie ihren Kindern gegenüber immer sehr konsequent gewesen seien. Ich fragte nach, was sie damit meinte, und sie erzählte mir, dass die Kinder von klein auf immer genau das getan hatten, was sie von ihnen verlangt hätten. Mutter und Vater hatten sich nicht einen Millimeter bewegt und gedacht, dass es so am besten für die Kinder sei. Das denken viele Eltern.

Lange war die vorherrschende Meinung, dass das zu einer guten Erziehung gehört, weil das Kind nur so auf die wirkliche Welt vorbereitet wird. Eine Welt, in der klare Grenzen und Konsequenzen an der Tagesordnung sind und das Dasein aus Dingen besteht, die erledigt werden *müssen*. Auf diese Weise sollte das Kind abgehärtet und erwachsen werden.

Im Fall dieser Familie war ein Elternteil, wollte der Sohn einmal nicht die Zähne putzen, so lange mit ihm im Bad geblieben, bis er es erledigt hatte. Der Junge konnte beißen und kratzen und sich gebärden, wie er wollte – seine Mutter hatte ebenso ruhig und bestimmt ihren Willen durchgesetzt.

«Ich habe das einfach ausgehalten und habe nie wütend oder gewaltsam reagiert. Manchmal dauerte es eine Stunde, aber am Ende hat er immer die Zähne geputzt», erzählte sie.

Ich sah ihr an, dass sie stolz darauf war, das geschafft zu haben. Kein Schaden war angerichtet worden, jedenfalls nicht aus ihrer Sicht. Die Erziehung hatte schließlich gewirkt.

Aber was bringt es eigentlich, Macht auszuüben? Und was hat der Junge aus diesen stundenlangen Badezimmer-Sitzungen gelernt? Eines hat er dabei mit Sicherheit *nicht* gelernt: dass er etwas wert ist. Er hat nicht gelernt, dass seine Äußerungen etwas bewirken oder dass er Gefühle hat, auf die man sich einstellt und denen man gerecht wird. Vielleicht hat er stattdessen gelernt, dass seine Mutter ihm überlegen ist, dass er von Erwachsenen keine Hilfe erwarten kann, dass Verlieren der einzige Ausweg ist. Ich bin mir jedenfalls sicher, dass eine Stunde in einem Badezimmer mit Raserei, Geheul und Verzweiflung einem nichts, aber auch gar nichts darüber beibringen kann, wie man mit Schwierigkeiten angemessen fertig wird.

Gleichzeitig denke ich, dass die Mutter sicherlich einen guten Grund dafür hatte, mir diese Geschichte sieben Jahre später zu erzählen. Als sie ihren Sohn jetzt so voller Wut erlebte, ist sie zur Einsicht gelangt, dass ihre ehemaligen Triumphe gar keine wahren Triumphe waren.

Eltern haben häufig gehört, wie wichtig es ist, konsequent zu sein, doch das bringt in Wahrheit gar nichts – es kann im Gegenteil schädlich sein. Von Bedeutung ist nur, Sicherheit und Geborgenheit zu empfinden und sich nahe zu sein. Es ist nicht zielführend, Kämpfe mit dem Kind auszufechten, und das ist auch nichts, worauf man stolz sein könnte. Dafür ist Ihre Übermacht als Erwachsener viel zu groß und damit potenziell gefährlich.

> **Kinder erreicht man in diesem Alter am besten durch das Spiel. Jede Aneignung von Wissen und jegliche Erziehung geschieht durch das Spielen.**

Mir sind viele Eltern begegnet, die es für nötig halten, den Weg, den sie einmal eingeschlagen haben, konsequent weiterzugehen. Aber wir alle gehen nur zu leicht zu weit in die falsche Richtung. Sie wünschen sich ein Kind, das von anderen gemocht wird, das nicht mit seiner Schwester streitet, das nicht am Daumen lutscht, das kein Durcheinander anrichtet. Schnell ist man derartig auf diese Dinge fokussiert, dass man vor sich selbst eine härtere Behandlung des Kindes rechtfertigt, als man sollte. Sie können gewissermaßen von Ihrer eigenen guten Absicht mit Blindheit geschlagen werden. Glauben Sie mir, es gibt weitaus Schlimmeres für ein Kind, als zu lange am Daumen zu lutschen.

Das heißt natürlich nicht, dass Kinder immer recht bekommen oder dass Sie ihnen immer ihren Willen lassen sollen. Ihr Kind ist noch klein und weiß noch nicht, was gut für es ist. Sie müssen die Führung übernehmen, müssen gelegentlich sagen: «Gut, ich verstehe dich, aber jetzt wollen wir das trotzdem mal so machen. Ich kann nachvollziehen, dass du das nicht möchtest, aber in diesem Moment ist es das Beste.» Ihre Aufgabe besteht darin, das Kind anzuleiten, ohne die enge Bindung zwischen sich und dem Kind aufs Spiel zu setzen oder zu beschädigen. Sie sollen ihm helfen, im Leben voranzukommen, und ihm bei seinen Entscheidungen zur Seite stehen. Falls das Zähneputzen zu Problemen führt, machen Sie Scherze darüber und gehen Sie die Sache spielerisch an, gucken Sie währenddessen gemeinsam ein Video, kaufen Sie eine neue spannende Zahncreme, versuchen Sie eine Herangehensweise zu finden, die für Sie beide akzeptabel ist. Und wenn das Zähneputzen an einem Abend absolut gar nicht geht, versuchen Sie es am nächsten Morgen erneut, wenn das Kind nicht so müde ist. Einen Abend mal nicht die Zähne zu putzen, ist dann auch keine Katastrophe.

Rufen Sie sich immer wieder in Erinnerung, dass Kindererziehung viele Jahre Arbeit bedeutet. Als Eltern werden Sie nicht an jedem einzelnen Kampf gemessen, sondern am Endergebnis.

Wie Ihr Kind lernt

Werde ich gefragt, wie man sich einem Kindergartenkind am besten annähert, lautet meine Antwort immer: «Indem Sie sich auf seine Höhe begeben.» Sie müssen die Welt aus der Perspektive des Kindes sehen, seine Erfahrungen und Erlebnisse teilen. Das Kind wird nur etwas lernen, wenn es das *mit* Ihnen gemeinsam tun kann, nicht, wenn Sie ihm gegenüber belehrend auftreten. Lernen geschieht immer dann, wenn Sie Ihr Wissen an das Kind in dem Moment weitergeben, in dem es dieses braucht. Wenn Sie einen Vierjährigen herumkommandieren und sagen: «Das musst du aber so machen!», wird er denken: «Das muss ich gar nicht, das wird anders gehen.» Kinder sind nicht daran interessiert, dass *Sie* alle Antworten auf die Fragen des Lebens kennen. Sagen Sie ihnen, dass Sie es wissen, weil Sie erwachsen sind, hat das keinen Wert für sie. Darin liegt kein Lernpotenzial. Der erhobene Zeigefinger wird Ihnen nie das gewünschte Resultat liefern. Wissenserwerb geschieht, wenn die Kinder sehen, dass etwas funktioniert, wenn Sie den Weg mit ihnen zusammen beschreiten, Sie beim Lernen dabei sind und eine Vorbildfunktion übernehmen.

Besteht ein Dreijähriger darauf, beim Fensterputzen zu helfen, und überall bilden sich Wasserpfützen, weil er nicht ordentlich den Lappen auswringt, können Sie sagen: «Hör auf damit! So macht man das nicht!», oder Sie sagen: «O, wie toll du das mit dem Putzen machst! Ich wringe den Lappen immer zuerst aus, dann geht es besser. Guck mal, so kannst du das machen. Was meinst du, schaffst du das?»

Die Herausforderung besteht darin, Ihr Kind so anzuleiten, dass es etwas daraus lernen kann.

Kinder dieses Alters brauchen lange, um zu verstehen, dass etwas Konsequenzen hat. Geben Sie nicht auf, wenn Sie einem Vierjährigen zum x-ten Mal erklären, dass die Füße nass werden, wenn man in eine Pfütze steigt. Immer wieder Kleider zu trocknen, gehört in diesem Alter dazu. Die Kinder haben auch noch eine schlechte Impulskontrolle. Sieht etwas verlockend aus, werden sie sich daran ausprobieren. Das hat nichts mit Ihnen zu tun. Trinken Sie lieber eine Tasse Kaffee, während die Schuhe trocknen.

Disziplin

Wie bei der Mutter, die ihren Sohn zum Zähneputzen zwang, spukt bei vielen Eltern noch die fixe Idee im Kopf herum, dass Kinder diszipliniert werden müssten, dass sie sich «benehmen» müssen, dass sie etwas lernen, indem sie sich fügen.

Das Wort «Disziplin» kommt aus dem Lateinischen und beinhaltete ursprünglich neben der Bedeutung «Erziehung, Zucht» auch den Aspekt der Ausbildung und Wissensvermittlung. Heute ist die zweite Bedeutung etwas in Vergessenheit geraten und die militärische hat überhandgenommen. Die könnten wir ruhig wieder stärker zurücknehmen, jedenfalls im Umgang mit unseren Kindern.

Kindern Disziplin beizubringen heißt, ihnen Orientierungshilfe zu geben, ihnen die Richtung zu weisen und diesen Weg mit ihnen gemeinsam zu beschreiten – nicht, sie zu bestrafen oder zu maßregeln.

Kinder verfolgen die ganze Zeit über, was Sie tun – selbst, wenn es Ihnen gar nicht bewusst ist. Erziehung geschieht laufend. Ihr

Kind sieht, wenn Sie Ihrem Partner übers Haar streichen, wenn Sie den Müll rausbringen, wenn der Fernseher Ihr wichtigster Ansprechpartner ist, wenn Sie auf Widerstand stoßen und wenn Sie Rückendeckung haben. Das Kind lernt aus Ihrem Vorbild – ständig – durch all jene kleinen, unsichtbaren Dinge, die das Leben ausmachen.

Erziehung bedeutet nicht, ein Regiment zu führen und zu rufen: «Halt, hier verläuft die Grenze!» – zur Erziehung gehört viel, viel mehr. Etwa 20 Jahre lang wird Ihr Kind verfolgen, was Sie tun, was Sie zum Lachen bringt, wie Sie lieben, wie Sie vergeben, ob Sie andere respektieren, wovor Sie sich fürchten, wo für Sie die Grenzen sind.

Deshalb ist es mir auch so wichtig, Ihnen klarzumachen, dass es beim Grenzensetzen nicht darum geht, Ihr Kind einzuzäunen. Sie sollten lieber gemeinsam das Terrain erforschen und feststellen, wo Beschränkungen Sinn machen – jedoch stets in Ihrem Beisein,

ERZIEHUNG GESCHIEHT NICHT DANN, WENN DAS KIND IHRER MEINUNG NACH EINE GRENZE ÜBERSCHRITTEN HAT - SIE GESCHIEHT LAUFEND.

mit Ihrer Unterstützung und während Sie die Verantwortung für Ihr Tun übernehmen.

Ab welchem Alter darf man härtere Saiten aufziehen?

Vor einigen Jahren hielt ich in einer der größten Kindertagesstätten in Oslo einen Vortrag. Danach wandte sich ein Vater an mich und erzählte, dass er meine Bücher gelesen habe. Ihm war es wichtig, Grenzen zu setzen, und er wartete darauf, dass sein Kind alt genug wurde, um diese zu verstehen. «Mein Sohn wird bald fünf, jetzt müsste er doch allmählich wissen, was ich meine», sagte er. «Wann, glauben Sie, kann ich Tacheles mit ihm reden? Wann kann ich härtere Saiten aufziehen?», fragte er mich im Anschluss mit einem Lächeln.

Ich erwiderte, das alles habe keinen Zweck, weil das Kind es in diesem Alter noch nicht aufnehmen könne. Und dass Zurechtweisungen eine schlechte Art seien, anderen etwas beizubringen. Dass das Kind davon eingeschüchtert wird und dichtmacht. Ich räumte zwar ein, dass sich das Einsichtsvermögen der Kinder um dieses Alter herum bessert, gab aber zu bedenken, dass man sich immer wieder in Erinnerung rufen sollte, dass sie nichtsdestotrotz immer noch kleine Kinder seien. Eltern überschätzen ihre Kinder leicht, denken, «dass sollte sie jetzt wissen können». Aber das Kind ist nur ein Kind – ein Anfänger mit einem noch nicht ausgereiften Ge-

ZWEIJÄHRIGE: Sie setzen Grenzen und erläutern sie dem Kind, wobei Sie ihm gleichzeitig demonstrieren, wie es vorgehen soll. Aber Sie haben nach wie vor Treppengitter installiert, damit das Kind nicht zu Schaden kommen kann. Zweijährige können die Folgen ihres Handelns noch nicht abschätzen.

DREIJÄHRIGE: Sie geben Grenzen vor und sagen dem Kind, was Sie von ihm erwarten – dass Autos eine Gefährdung bedeuten, dass man deshalb an einer Straße anhalten muss. Erklären Sie ihm, wie die Dinge funktionieren, während Sie sich gemeinsam eine Sendung anschauen oder ein Buch zum Thema lesen.

VIERJÄHRIGE: Wenn das Kind etwas Falsches oder Gefährliches tut, sagen Sie: «Stopp, das kann gefährlich sein!» oder «Tu das nicht, das gibt nur ein großes Durcheinander!» Und danach räumen Sie das Nötigste auf. Kurze und einfache Botschaften zeigen Wirkung – keine langen, detailreichen.

FÜNFJÄHRIGE: Jetzt können Sie dem Kind komplexere Regeln erläutern, ihm längere Erklärungen geben. Aber behalten Sie im Hinterkopf, dass auch Fünfjährige noch sehr impulsiv sein und Regeln brechen können, ohne dass sie deshalb besonders schwierige Kinder wären oder sich in einer Risikozone befänden. Konsequenzen angemessen zu überdenken und Impulskontrolle zu erlernen, dauert mindestens noch 15 weitere Jahre.

hirn. Mit der Zeit wird es immer mehr von der Welt verstehen und wird merken, dass sein Verhalten Folgen hat. Sie als Eltern sollten sich trotzdem unbedingt vor Augen führen, dass das Kind noch einen langen Weg vor sich hat. Setzen Sie Ihre Erwartungen also nicht zu hoch an, es wird noch zu einigen Fehltritten kommen, viele Tränen werden fließen und vieles wird Ihnen völlig unlogisch erscheinen – aber das Kind wird nur so etwas über das Leben lernen.

Wie vermeide ich Verwöhnung?

Wenn ich Vorträge zur Kindererziehung halte, tauchen einige Fragen immer wieder auf. Eine davon lautet, wie man vermeiden kann, seine Kinder zu sehr zu verwöhnen. Das ist eine gute Frage. Aber bedeutet «verwöhnen» nicht eigentlich, dass es zu viel des Guten ist? Ich antworte dann immer, dass sie sich vielleicht auch alles Mögliche wünschen, es aber nicht brauchen und es ihnen auch nicht guttut. Kinder dieses Alters haben keine Vorstellung davon, was sie brauchen und was ihnen guttut, bitten aber um sehr vieles. Sie werden um mehr bitten, als sie brauchen.

Mit anderen Worten: Sie als Erwachsene müssen abwägen und entscheiden. Sie sind dafür zuständig, wie sich der Tag Ihres Kindes gestaltet und was es bekommen darf. Wann wird es zu viel? Wo jeder Einzelne diese Grenze ziehen sollte, ist für mich nicht einfach zu sagen, das ist von Familie zu Familie und von Kultur zu Kultur verschieden. Sie aber sollten vor allem wissen, wenn dem Kind etwas *nicht* bekommt.

Und das bedeutet, dass Sie standhaft bleiben müssen, auch wenn das Kind etwas fordert. Wenn es morgens in die Kita gehen soll, aber lieber noch länger zu Hause bleiben würde, weil es so gemütlich ist, müssen Sie Sorge dafür tragen, dass der Tagesablauf gewährleistet ist. Das Kind muss in die Kita, auch wenn es zu Hause noch so schön ist. Und das müssen Sie ihm, so gut es eben geht, vermitteln, auch wenn es keine Lust dazu hat.

«Ich verstehe gut, dass du noch hierbleiben möchtest, aber das geht nicht. Ich muss arbeiten, und du musst in den Kindergarten. Vielleicht magst du mir ja zeigen, welche Schuhe du heute anziehen willst?»

Wenn Ihr Kind keine richtige Mahlzeit zu sich genommen hat, aber nach mehr Eiscreme verlangt, ist es Ihre Aufgabe zu sagen: «Das wäre sicherlich lecker, aber wir sollten lieber erst noch etwas Richtiges essen.» Ein Dreijähriger weiß noch nicht, dass einem von zu viel Eis übel werden kann. Das wissen nur Sie.

Während ich das hier so schreibe, haben meine Kinder gerade eine Woche lang alles bekommen, auf das sie gezeigt haben. Ich war einfach erschöpft, weil mein Terminkalender so voll war, und war in dieser Zeit nur eine ziemlich mittelmäßige Mutter und Partnerin.

Ist man selbst am Ende seiner Kräfte, fällt es einem schwerer, den Kindern etwas abzuschlagen. Die Lösung liegt auf der Hand: Kinder profitieren in keiner Weise von erschöpften Müttern oder Vätern. Haben Sie keine Kraftreserven mehr, bringt es nichts, sich in eine Auseinandersetzung zu begeben, aber das ist keine taugliche Strategie für die vielen noch anstehenden Jahre der Kindererziehung.

Sind Sie in der glücklichen Lage, Kinder zu haben, sollten Sie für sich selbst und Ihr Leben (Für-)Sorge tragen. Wie viel Sie arbeiten, was Sie essen und trinken, wie viel Schlaf Sie bekommen, hat unmittelbare Auswirkungen darauf, welche Art von Eltern Sie sind. Sie müssen noch die Kraft übrig haben, Nein zu sagen, wenn dieses Nein erforderlich ist. Falls es Ihnen mal einen Tag oder eine Woche lang nicht gelingt, ist noch kein Unheil geschehen, aber langfristig erwächst daraus nichts Gutes.

Bei einer guten Kindererziehung geht es auch darum, achtsam mit sich selbst umzugehen.

Nein sagen müssen

Wenn etwas durch und durch richtig beziehungsweise unvermeidbar ist, sollten Sie zu Ihrem Wort stehen. Sie müssen das Haus rechtzeitig verlassen, etwas anderes als Eiscreme zu sich nehmen, jeden Abend zu einer vernünftigen Zeit schlafen gehen. Für einen geregelten Tagesablauf und einen Flow zu sorgen, ist die Hauptaufgabe eines jeden Elternteils. Besteht Ihr Kind ständig darauf, noch eine weitere Folge von *Feuerwehrmann Sam* zu schauen, kommen Sie an einen Punkt, an dem Sie Nein sagen müssen.

Haben Sie dagegen den Eindruck, Nein sagen zu müssen, weil Sie das schon länger nicht mehr getan haben, ist das kein ausreichender Grund. Manche Eltern meinen, es wäre an der Zeit, den Kindern ein paar Grenzen zu setzen, und entscheiden sich plötzlich, dem Kind den sonst üblichen Nachtisch nach dem Essen zu verweigern. Wenn aber eigentlich aus Ihrer Sicht nichts gegen etwas Eiscreme spricht, dürfen die Kinder sie auch haben. Sie können einfach nur darauf achten, dass die Kinder im Lauf des Tages nicht zu viele Süßigkeiten zu sich nehmen.

Greifen Sie zu einem Nein, wenn es sinnvoll ist und einen Zweck erfüllt. Sagen Sie nicht pauschal «Nein» nur um des Nein-Sagens willen. Wenn Kinder Wahrheit und Ehrlichkeit lernen sollen, muss ihnen das auch vorgelebt werden. Nach einer Methode oder einem Regelbuch zu leben, ist nicht stimmig. Loben Sie Ihr Kind beispielsweise fünfmal, bevor Sie es kritisieren, weil Sie irgendwo gelesen haben, dass das hilfreich wäre, gehen Sie nicht ehrlich oder wahrhaftig mit dem Kind um. Lob und Kritik sollten dann geäußert werden, wenn Sie es auch wirklich meinen, und in Situationen, wo sie angemessen sind.

Lernen zu bewerten, statt zurechtzuweisen

Ich unterhielt mich mit einem Bekannten über seinen vierjährigen Sohn. Das Kind hatte vor ein paar Tagen zu Hause die Wände bemalt, und mein Bekannter hatte mit einer klaren und harschen Reaktion darauf reagiert, hatte den Jungen angeschrien und ihn von der Wand weggezogen. Obwohl er etwas grob vorgegangen war, hielt er diese Zurechtweisung für angebracht und richtig: «Hätte ich nicht Tacheles geredet, wäre ihm nicht klar geworden, dass das falsch war.»

So argumentieren viele Eltern, ich halte diese These dennoch für falsch. Kinder werden von selbst damit aufhören, die Wände zu bemalen, auch wenn Sie sie nicht grob dazu auffordern, das zu unterlassen. Kein Zwanzigjähriger wird noch zu Hause die Zimmerwände bekritzeln, nur weil seine Eltern ihm das nicht lautstark als Kind verboten haben.

Kinder zwischen zwei und sechs Jahren werden viele Dinge tun, die nicht so schlau sind. Sie werden eine Sauerei anrichten, Dinge bemalen, die sie nicht bemalen sollen, und Sachen kaputtmachen – den Fußboden womöglich mit Sonnenöl einreiben, etwas, woran ich persönlich mich noch erinnere.

Natürlich ist es nicht in Ordnung, Wände zu bemalen – worauf es ankommt, sind Sie, Sie als Verantwortlicher, als Führungsperson. Wie setzen Sie Ihre Macht also am besten ein? Nachdem das Kind die Wand bemalt hat, könnten Sie sagen: «Du hast also ein Bild auf die Wand gemalt. Das ist nicht so toll. Wenn du die Wände anmalst, sieht es hier nicht mehr so schön aus. Mal doch lieber etwas auf Papier, dann können wir deine Zeichnung anschließend an die Wand hängen.» Es kommt darauf an, dem Kind zu signalisieren, dass Sie die Verantwortung übernehmen. Das tun Sie, indem Sie Ihrem Kind dabei helfen, die Angelegenheit richtig zu bewerten, und ihm zeigen, was man tun darf und wie die Gesellschaft funktioniert – aber nicht, indem Sie wütend werden, grob und laut reagieren, bevor sie demonstrativ den größten Schwamm aus dem Schrank holen. Wie bereits erwähnt: Ab und zu mag eine Zurechtweisung vielleicht zu etwas führen, langfristig aber zerstört sie die Beziehung zu Ihrem Kind.

In diesem Alter bringen Zurechtweisungen nichts. Das Kind profitiert von dem Wissen, dass Sie ein guter Ratgeber sind, dass Sie die Ruhe bewahren und klar in Ihrer Ansage sind, dass Sie wissen, wie es in der Welt zugeht.

Leere Drohungen

Wir möchten gern, dass unsere Kinder auf uns hören, besonders, wenn sie sich schlecht benehmen. Wir möchten das so sehr, dass wir Dinge behaupten, die ganz offensichtlich nicht stimmen. Auf dem Rückweg von einem Konzert waren wir kürzlich bei McDonald's. Am Nebentisch saß ein Vater mit zwei Mädchen im Alter von drei und fünf Jahren. Sie waren fröhlich ins Restaurant gekommen, hatten gespielt und waren müde, aber glücklich – und hungrig. Nachdem sie bestellt hatten, setzten sie sich an den Tisch, um auf das Essen zu warten. Die Schwestern fingen an, mit den Luftballons im Restaurant zu spielen, die man dort bekommt, und es war leicht zu erkennen, dass die gute Stimmung der beiden gleich in Streit und Tränen umschlagen würde. Der Vater geriet außer sich angesichts des Benehmens seiner Töchter und sagte barsch: «Wenn ihr euch weiter so benehmt, müssen wir gehen!» Die Älteste fragte, was dann aus dem Essen werden würde, und der Vater erwiderte, dass sie es dann in den Müll werfen müssten. «Wir können nicht in Gesellschaft anderer Leute essen, wenn ihr beide euch mit Luftballons schlagt», sagte er, und in seiner Wut fügte er noch hinzu: «Wenn das immer so ist, können wir nicht mehr auswärts essen gehen. Dann verdient ihr kein Essen!» Das kleinere Mädchen begriff nicht so viel von dem, was da vor sich ging, aber die Ältere wirkte verwundert und betroffen, bevor sie sich zu ihrer kleinen Schwester umdrehte und mit dem Spiel weitermachte. Sie merkte jedenfalls, dass sie von ihrem Vater nichts Besseres mehr zu erwarten hatte.

Glücklicherweise kam unmittelbar danach ihr Essen, und danach waren die Mädchen ganz friedlich.

Worauf ich damit hinauswill: Wenn Kinder Hunger haben, benehmen sie sich nicht dadurch besser, dass ihnen damit gedroht wird, kein Essen zu bekommen. Es bringt nichts, mit ihnen zu schimpfen. Sie als Eltern müssen erkennen, was die eigentliche Ursache des Problems ist. Die Mädchen waren bei dieser Gelegenheit nicht besonders aufmüpfig – sie waren hungrig. Wenn Sie das erkennen, können Sie dafür sorgen, dass die Zeit bis zum Servieren des Essens so schnell wie möglich vergeht – vielleicht können Sie solange den Autos auf dem Parkplatz zusehen oder um die Wette laufen oder was auch immer – etwas, das sie ablenkt, bis das Essen endlich auf dem Tisch steht und sich alle Probleme in Luft auflösen.

SPIELGERÄUSCHE

Hier und da steigen Geräusche vom Fußboden auf, kleine Lautsignale aus der Welt der Kinder, die die unsere erreichen. Es gibt kein Geräusch auf der ganzen Welt, das ich lieber mag als Spielgeräusche von Kindern. Bin ich auf Reisen, nehme ich gerne Hotelzimmer, die zu einem Kindergarten oder einem Schulhof hinauszeigen, sodass ich durch das Hotelfenster ihre Spielgeräusche höre. Das lässt schöne Erinnerungen in mir aufsteigen, schenkt mir Ruhe und einen Glauben an die Zukunft. Spielende Kinder sind überall gleich – in welchem Land sie auch leben, welche Sprache sie auch sprechen.

Im Kindergartenalter unterhalten sich Kinder gerne mit sich selbst, wenn sie spielen. Zu diesen «Vielsprechern» gehörte auch mein ältester Sohn. Ob er mit Legosteinen baute, etwas malte oder seine Superhelden-Figuren in Kampfstellung brachte, er kommentierte alles. Und ich wusste schon damals – auf dem Fußboden in unserer Wohnung –, wie sehr ich eines Tages die Momente neben ihm auf dem Boden vermissen würde, es vermissen würde, dass das Spiel ein Teil dessen war, was im Zimmer geschah, dass es sich mit dem, was ich tat, mischte.

Beim Spielen verwandeln sich die Kinder auf eine positive Weise. Zu spielen heißt, seinem Innersten Ausdruck zu verleihen, seiner inneren Stimme zu folgen. Vielleicht sind Spielgeräusche deshalb so schön? Wir sollten unseren Kindern deshalb immer wünschen, dass sie in Verbindung mit ihrer inneren Stimme bleiben. Hören Sie das Geräusch des Spielens, bedeutet das, dass etwas richtig und authentisch ist. Genießen Sie es, solange es anhält.

«DU MUSST TEILEN LERNEN!»

Wir Erwachsenen wissen meistens, wie wir uns anderen gegenüber verhalten sollten. Wir wissen, was als bewundernswert angesehen wird, und was sich nicht so gut macht. Deshalb ist es wohl auch gar nicht so ungewöhnlich, dass es uns peinlich ist, wenn unsere Kinder diese unausgesprochenen Regeln brechen. Es ist verständlich, dass wir uns wünschen, sie wüssten so früh wie möglich, wie sie sich zu benehmen haben. Wenn kleine Kinder anderen Kindern aber etwas wegnehmen, eine Ferkelei veranstalten oder reden, wenn alle schweigen sollen, sind sie keine Regelbrecher. Sie sind einfach noch nicht in der Lage, diese ungeschriebenen Regeln zu verstehen.

«Du musst teilen lernen» sagen Eltern manchmal, wenn ihr Zweijähriger dem Spielkameraden etwas weggenommen hat, und dann demonstrieren sie ihm, wie man teilt. Dass Eltern das tun, ist leicht nachvollziehbar, aber im Grunde sinnlos. Ein Zweijähriger versteht noch nichts vom Teilen, und die dadurch hervorgerufenen Zwischenfälle sollten auf andere Weise gelöst werden, als sich einzumischen und Kindern Gegenstände aus der Hand zu nehmen. Trösten Sie das weinende Kind, indem sie seine Aufmerksamkeit auf etwas anderes lenken oder ein neues Spiel für denjenigen finden, der nichts Spannendes zu spielen hat.

Wenn das Kind etwa drei Jahre alt ist, können Sie behutsam anfangen, die Vorstellung des «Teilens» einzuführen.

«Jetzt hat Anna gerade mit dem Auto gespielt. Du musst es ihr wiedergeben und warten, bis du an der Reihe bist», können Sie sagen, sollten das aber tun, ohne das Kind zu verurteilen oder es zurechtzuweisen. In diesem Alter geht es noch nicht um moralische Fragestellungen. Es ist einfach eine Situation, die entsteht und bei deren Bewältigung Sie dem Kind helfen können. Nachdem das Kind mit der Zeit angefangen hat, seinen Blick stärker auf sein Umfeld zu richten – mit drei, vier Jahren –, können Sie ihm zeigen, was geschieht, wenn man jemandem etwas wegnimmt: «Guck mal, jetzt ist Anna traurig, weil sie zuerst das Auto hatte. Vielleicht kannst du es ihr ja wiedergeben und warten, bis du dran bist?»

Ein Vierjähriger kann sich langsam in andere hineinversetzen, nicht nur seine eigenen Gefühle sehen. Für Fünf- und Sechsjährige ist es von Vorteil, Teil einer Gruppe zu sein, in der es ganz natürlich ist, darauf zu warten, bis man selbst an der Reihe ist. Das kann beim Sporttraining sein oder in einer Familie mit Geschwistern. «Wir haben nicht mehr so viel Saft übrig und sind zu dritt. Wie können wir das lösen?» Das Kind hat in diesem Alter schon eine Vorstellung von Mengenverhältnissen entwickelt und beginnt allmählich, sich der Gesellschaft anzupassen, von der es ein Teil ist. Und so geht es Schritt für Schritt voran.

Das Kind wird das Teilen in jedem Fall lernen, wenn Sie

es ihm vorleben. Sie helfen ihm am besten dabei, diese Lektion zu lernen, indem Sie selbst abgeben können. Wird Ihnen etwas Schönes oder Leckeres angeboten, können Sie das Kind fragen, ob es auch etwas davon haben möchte. Wird das Teilen in Ihrer Familie etwas Selbstverständliches, wird das Kind es sich leicht aneignen.

In diesen Jahren sollten Sie darüber hinaus etwas gelassener mit dem umgehen, was Ihrer Meinung nach zum guten Ton gehört. Das Kind wird all das irgendwann lernen. Bis dahin geht es darum, ihm ohne Vorhaltungen den richtigen Weg zu weisen.

DIE BEZIEHUNG BEWAHREN

In meiner Praxis habe ich immer wieder dieselben Geschichten gehört. Wie die Liebe schwindet, wie sie einem beinahe unmerklich aus den Händen gleitet und eines Tages etwas anderes daraus wird.

Hat man Kinder im Kindergartenalter, wird die Paarbeziehung auf eine große Belastungsprobe gestellt. In einer Beziehung muss man wohl immer daran arbeiten, sich die Liebe zu bewahren, aber gerade in diesen Jahren ist das besonders schwer.

Wenn man ständig unter Zeitdruck leidet, wenn alles rund laufen muss, es aber nicht tut. Wenn Ihr Kind morgens laut heult, weil Sie die Jacke nicht finden können, die es tragen möchte, während Sie dringend zu einer beruflichen Teambesprechung müssen, oder wenn Ihr Partner gereizt reagiert, weil er Ihren Umgang mit einer Situation für falsch hält – dann kommen kaum Ihre besten Seiten zum Vorschein. Vielleicht reagieren Sie in solchen Momenten ebenfalls gereizt oder äußern etwas, durch das Ihr Partner sich gekränkt fühlt, und dann nimmt dieser betrübliche Reigen seinen Lauf, und keiner weiß mehr, wie er den Tanz beenden kann.

Tatsächlich werden Sie im Alltag unweigerlich weniger Zeit haben. Und jetzt tritt meistens auch zutage, welchen Hintergrund jeder von Ihnen hat, welche Kindheit und Erziehung Sie genossen haben und wie Ihre jeweilige Sichtweise bezüglich der Elternrolle ist. Fängt das Kind an, eigene Grenzen zu setzen, und will es Dinge auf seine Art tun, ist das eine ganz andere Herausforderung, als wenn man ein Baby hat.

Und deshalb höre ich von Paaren in meiner Praxis immer wieder von Vorfällen, bei denen beispielsweise die Mutter ärgerlich auf das Kind geworden ist, während der Vater der Ansicht ist, sie hätte entschiedener reagieren müssen. Das wiederum führt dazu, dass der Vater entscheidet, einzuschreiten, die Mutter ihn dann aber für zu streng hält. Diesen schlechten Beginn des Tages können sie nur schwer abschütteln, und er ist das Vorzeichen für den ganzen weiteren Tag, sie sind lange wütend aufeinander. Sie geht zur Arbeit und denkt: «Wie sollen die Kinder etwas daraus lernen, wenn er sich so verhält? Das macht die Sache nur noch schlimmer», während er im Büro zu sich selbst sagen mag: «So verhält sie sich auch mir gegenüber. Sie sagt nie, was sie wirklich möchte, und wird einfach nur ärgerlich, und jetzt bringt sie unser Kind in dieselbe Situation.»

Da kann es schnell dazu kommen, dass man sich voneinander entfernt. Und deshalb ist es in dieser Zeit umso wichtiger, die Beziehung zu Ihrem Partner zu pflegen.

«Ich muss alles allein wuppen»

Zu den schwersten Dingen in einer Beziehung gehört es, sich ein Gleichgewicht zu bewahren. Einer von Ihnen – meistens die Mutter – wird immer die Brotdosen bestücken, wird die Kleider waschen und wissen, wo diverse Dinge liegen. Sie bleibt zu Hause, während das Kind krank ist, sie denkt an den Elternausflugstag im Kindergarten, sie kauft rechtzeitig die richtige Winterkleidung, damit die Kleinen nicht frieren. Wenn er sich daran versucht, sagt sie, dass er es falsch macht: «*Das* kannst du aber nicht in die Brotdose tun!» Daraufhin fühlt er sich minderwertig und zu nichts nütze und denkt, er könne dann nur dadurch etwas beitragen, dass er arbeiten geht und Geld verdient. Solche Gedanken aber führen dazu, dass die Distanz zwischen den Partnern sich noch mehr vergrößert. Eines Tages hat sie dann das Gefühl, dass er nicht für sie da ist, dass sie alles genauso gut alleine wuppen könnte. Er wiederum denkt bei sich, dass sie nicht sieht, was er alles leistet, und sie ihn nicht mehr liebt, dass er lieber mit jemand anderem zusammen sein sollte.

Denkmuster wie diese kennen alle Therapeuten, nur zu leicht kann man in solche Bahnen geraten. Das aber hat zur Folge, dass beide Partner irgendwann an einen Punkt kommen, an dem es ihnen schwerfällt, sich überhaupt wieder anzunähern.

Was also kann man tun, um das Ruder herumzuwerfen?

Unter anderem geht es um etwas so Simples, wie dem anderen eine Chance zu lassen. *Ihm* muss die Gelegenheit gegeben werden, sich nützlich zu machen, und *sie* muss erkennen, dass das, was er tut, einen nützlichen Beitrag leistet. Wäsche lässt sich auf verschiedene Art zusammenlegen, Brotdosen können andere Dinge enthalten, es gibt unterschiedliche Herangehensweisen an das Zähneputzen, man kann so oder so spielen, auch das Bringen und Abholen des Kindes muss nicht immer in derselben Form geschehen. Kinder profitieren davon, mitzuerleben, dass alles auf verschiedene Weise erledigt werden kann, dass man die beste Brotdose der Welt umso mehr zu schätzen weiß, wenn sie nicht jeden Tag perfekt gefüllt ist.

Sie müssen Ihrem Kind gar nicht so dringend beibringen, wie die Wäsche zusammengelegt werden muss – viel wichtiger für das Kind ist die Gewissheit, dass seine Eltern den Alltag im Griff haben, dass sie mit Stress und unerwarteten Herausforderungen gut umgehen können, damit die familiären Abläufe gemeinsam bewältigt werden können.

Viele Paare, die sich zerstritten haben, profitieren von der

> Eltern müssen nicht über alles einer Meinung sein. Allen Kindern tut es gut, zu sehen, dass es verschiedene Herangehensweisen gibt, die Dinge anzupacken. Selbst wenn Sie sich nicht in allem einig sind, sollten Sie sich gegenseitig unterstützen.

Erkenntnis, dass Unterschiede zwischen ihnen ein Plus in der Kindererziehung sein können. Es ist eine Stärke, keine Schwäche, dass Sie sich als Partner nicht vollkommen gleichen oder alles auf dieselbe Weise tun. Das müssen Sie allerdings erst einmal einsehen, wollen Sie sich nicht gegenseitig den Alltag vermiesen. Und Sie sollten versuchen, einander entgegenzukommen.

Man schenkt häufig nur den Dingen Beachtung, die nicht erledigt werden. Man reagiert leicht gereizt darauf, dass er dieses eine Bild vielleicht immer noch nicht aufgehängt hat, diese Holzbank noch nicht geölt, jene Stiefel noch nicht gekauft hat. Versuchen Sie auch im Blick zu behalten, was der andere stattdessen alles schafft, legen Sie nicht nur das Gewicht darauf, was er oder sie nicht getan hat.

Es gibt unzählige kleine Handgriffe in einem Familienhaushalt, die arbeitsaufwendig sind, und vielen fällt erst nach einer

Trennung auf, wie viel der Partner geleistet hat. Achten Sie jetzt vermehrt darauf.

Dadurch, dass Sie unterschiedliche Prioritäten setzen, lernt Ihr Kind, dass nicht nur ein Weg zum Ziel führt, dass man etwas ausprobieren und auch mal scheitern kann – und das wiederum gibt dem Kind den Mut, Dinge auf seine ganz eigene Weise anzupacken.

Es muss nicht immer alles ohne Fehl und Tadel sein – und es gibt auch nicht nur eine Lebensweise. Die jeweiligen Unterschiede zwischen Ihnen werden Ihr Kind neugierig darauf machen, seinen eigenen Weg zu suchen. Und das ist etwas sehr Positives.

Den Partner richtig wahrnehmen

Seine Stacheln aufzustellen, gereizt zu reagieren, ist schnell getan, während es schwerer fällt, die Gegenseite zu verstehen. Kinder zu haben ist anstrengend und bedeutet viel Arbeit. Es ist wichtig in einer Partnerschaft, einmal innezuhalten, den anderen nicht gleich zu verurteilen, sondern sich daran zu erinnern, dass es sicherlich einen guten Grund für die vorangegangene Eskalation gegeben hat. Vielleicht gelingt es Ihnen ja, nicht gleich wütend zu werden, sondern dem oder der Liebsten lieber mit einem verständnisvollen Lächeln zu signalisieren: «Ah ja, ich weiß, wie du dich fühlst!»

In diesen beschwerlichen Jahren ist ein Teil Ihrer Aufgabe, sich einen Weg durch den Berg an alltäglichen Irritationen und

Pflichten zu bahnen, wie vergessene Brotdosen, Wäscheberge und den sich auftürmenden Abwasch, und sich gleichzeitig auf das zu besinnen, das Sie und Ihren Partner eint.

Dem Partner nur das Schlimmste zu unterstellen, ihn mit negativem Blick zu betrachten und irrational zu reagieren, ist schnell geschehen. Und es kann einem viel abverlangen, sein Gegenüber mit Liebe zu betrachten. Es ist schwer, immer derjenige zu sein, der dem anderen Verständnis entgegenbringt. Aber genau das ist Ihre Rettung, das ruft Sie zur Besinnung, das hilft Ihnen dabei, ein festes Fundament zu bauen, das Sie alle als Familie tragen kann.

Vergessen Sie nie, was Sie einst Schönes miteinander geteilt haben. Sie haben sich irgendwann einmal in Ihre Partnerin, Ihren Partner verliebt, haben etwas in ihr oder ihm gesehen, irgendwann einmal haben Sie vorsichtig und zaghaft nach der Hand des anderen gegriffen. Vergessen Sie nicht, was dazu führte, dass gerade aus Ihnen eine Familie wurde, und machen Sie sich klar, dass es einen Weg zurück gibt.

Es fängt damit an, sich gegenseitig wieder richtig wahrzunehmen – und das zu tun, was für eine Annäherung nötig ist. Dass Sie Ihren Partner beispielsweise fragen, wie es ihm geht, oder sagen, dass Sie ihn vermisst haben, dass Sie sich für etwas entschuldigen oder einfach nur anbieten, ihm eine Tasse Tee zu kochen.

Diese kleinen Gesten können viel bewirken, um der Liebe wieder Vorschub zu leisten, auch wenn es unwesentlich klingen mag.

Sex und dergleichen

Ihr Dasein wird jetzt zu einem seltsamen Sammelsurium aus übervollen Schmutzwäschekörben, laufenden Nasen, nervtötenden Kinderliedern in Wiederholungsschleife, aus zu wechselnden Windeln, nassgepinkelten Bettlaken und herumliegendem Spielzeug. Ihre Tage werden auch lauter schöne Dinge beinhalten, aber das meiste wird darum kreisen, die Logistik hinzubekommen. Liebesbekundungen sowie kleine Gespräche zwischen Ihnen und Ihrem Partner rangieren vorübergehend weit unten auf der Liste der anstehenden Dinge.

Viele Paare erleben vor allem in den Jahren, in denen ihre Kinder die Kita besuchen, dass die Liebe zwischen ihnen zu versickern droht. Das Kind ist da, die Liebe hat buchstäblich Früchte getragen, doch die Partner fangen an, sich voneinander zu entfernen. Vielleicht merken sie es nicht einmal, weil es ihnen ganz natürlich erscheint, dass sich nicht mehr alles nur noch um sie beide dreht.

Doch es kommt auf etwas ganz Entscheidendes an: Auch wenn die gesamte Logistik mal nicht funktioniert und die Dinge zu Hause überall verstreut herumliegen – das ist alles zweitrangig. Wesentlich ist nur, dass Ihr Kind merkt, dass Sie als Partner einander nahe sind, sich berühren und liebevoll miteinander umgehen. Dass Sie Blicke tauschen, in denen Zuneigung liegt.

Das schenkt Ihren Kindern Sicherheit und Geborgenheit, gibt ihnen Vertrauen. Das verleiht Ihren Kindern das Gefühl, auf einer sicheren Plattform zu stehen. Kinder gedeihen auch gut, wenn in den Zimmern ein Durcheinander herrscht, solange die Liebe darin wohnt – allerdings nicht in einer feindlichen und kalten Atmosphäre.

Wie aber soll man Zeit für diese Nähe finden, wenn doch das Chaos einem so viel Zeit raubt? Kommen Sie direkt vom Zubettbringen und sind auf dem harten Fußboden neben dem Bett der Kinder eingeschlafen, denken Sie natürlich nicht als Erstes an Sex. Früher haben Sie sich vielleicht einmal darauf gefreut, sich dafür zurechtgemacht – jetzt haben Sie Glück, wenn Ihnen überhaupt noch eine halbe Stunde bleibt, bis die ersten Kinderschritte zu hören sind, die in Richtung Ihres Schlafzimmers tapsen.

Es lohnt sich, sich klarzumachen, welche Funktion Sex überhaupt hat. In einer lange währenden Partnerschaft ist Sex vor allem eine Form der Kommunikation. So zeigen Sie Ihrem Partner, dass er oder sie etwas Besonderes für Sie ist: *Du gibst mir etwas, das kein anderer mir geben kann, ich möchte dir nahe sein.* Dieses Gefühl von Exklusivität ist so ausschlaggebend, dass es einige Mühe wert ist. Das kann aber nur dann entstehen, wenn es überhaupt noch einen Rest an Austausch zwischen Ihnen gibt.

Versuchen Sie auf das zu hören, was der andere sagt, machen Sie sich klar, was für sein Leben von Bedeutung ist. Bleiben Sie miteinander im Gespräch, und wenn es täglich nur ein paar Mi-

BETRACHTEN SIE IHREN PARTNER MIT LIEBE UND TOLERANZ. SIEHT IHR KIND, DASS SIE SICH NAHE SIND, EMPFINDET ES GEBORGENHEIT.

nuten sind. Und unterstützen Sie einander! Ärgert er sich über die kaputte Glühbirne, helfen Sie ihm, sie zu wechseln. Schafft sie es nicht, das Auto zu waschen, tun Sie es für sie. Einander zu helfen bedeutet, dass etwas auf Gegenseitigkeit beruht, und das wiederum ist – so seltsam dies klingen mag – eine Voraussetzung für den Sex.

Machen Sie sich auch bewusst, dass das Sexleben ein Auf und Ab ist. Ist einer von Ihnen krank, gibt es bei der Arbeit viel zu tun, haben Sie finanzielle Probleme, stecken mitten in einer Renovierung oder sorgt etwas anderes für Scherereien, hat das unmittelbare Auswirkungen auf das Sexleben. Das muss nicht heißen, dass das Sexleben auf immer und ewig versiegt, es bedeutet einfach nur, dass Sie die verlorene Zeit aufholen müssen, sobald es wieder möglich ist. Die Kindergartenjahre sind nun mal hektisch, aber früher oder später wird Ihr Alltag wieder in ruhigeren Bahnen verlaufen.

Viele Eltern mit Kindern dieser Altersgruppe teilen diese Erfahrungen. «Aber er drängt immer auf den Sex!», sagt sie vielleicht. «Ich habe nicht die Kraft, ihn nur zu umarmen und ihn dann abzuweisen, wenn er sich mehr erhofft.»

Männer sind in der Regel besser darin, sich die Lust zu bewahren, dabei hilft ihnen ihre biologische Veranlagung. Geraten sie jedoch immer wieder in Situationen, in denen sie abgewiesen werden, ist das nicht besonders sexy.

«Alle wollen etwas von mir – meine Kinder wollen kuscheln, mein Kleinster will immer noch die Brust, und ich bin zu Tode erschöpft. Und er möchte dann auch noch Sex?!», äußert sie dann. Währenddessen wird er im Stuhl neben ihr immer kleiner – reduziert auf jemanden, der andauernd Forderungen stellt und nie genug hat, obwohl er sich doch nichts anderes wünscht als etwas mehr Nähe und eine kleine Pause inmitten des chaotischen Daseins. Beide Seiten reden einfach zu oft aneinander vorbei und entfernen sich dadurch häufig voneinander.

Soll der Sex klappen, müssen Sie Ihren Partner richtig «sehen». Es geht nicht nur um zu erfüllende Bedürfnisse, sondern um eine wechselseitige Kommunikation. Dieser Kommunikation, diesem Austausch Raum zu geben heißt, die Hürden zu senken und eine Wiederannäherung zu ermöglichen. Das bedeutet nicht, jeden Tag Sex haben zu müssen, aber ihn zuzulassen, wenn sich die Gelegenheit bietet. Soll er eine Chance bekommen, muss er ihr zuerst etwas Schlaf gönnen. Und sie sollte sich nicht so sehr den Kopf darüber zerbrechen, wie die Dinge hätten sein sollen, sondern sich klarmachen, was mit kleinen Kindern im Haushalt überhaupt machbar ist. Nur so können Sie Ihrem Partner angemessen gerecht werden.

Was aber, wenn die Kinder reinkommen und wir gerade Sex haben? Diese Frage stellen sich viele Paare. Tja, das ist wohl zu

> **FÜNF RATSCHLÄGE, UM SICH IN DEN KINDERGARTENJAHREN DIE LUST ZU BEWAHREN:**
>
> 1. Bringen Sie Ihrem Partner weiterhin Interesse entgegen. Wechseln Sie ein paar Worte darüber, wie Ihr Tag verlaufen ist, schmieden Sie Pläne für den nächsten – hören Sie einander zu und seien Sie in diesem Moment ganz bei Ihrem Partner.
> 2. Bewahren Sie sich die körperliche Nähe. Umarmen und berühren Sie einander – es muss gar nicht unbedingt mehr daraus werden, das allein bedeutet schon viel.
> 3. Unterstützen Sie sich gegenseitig. Zeigen Sie Ihrem Partner durch Ihr Verhalten, dass Sie ihm Gutes wünschen.
> 4. Der Sex ist in den Kindergartenjahren oft eine schnelle Angelegenheit. Die langen, zauberhaften Stunden der Zweisamkeit werden sicherlich wiederkehren. Jetzt müssen Sie Zeit für die entscheidenden Minuten aufbringen.
> 5. Organisieren Sie gelegentlich einen Babysitter. Eine Nacht ohne Kinder kann Wunder bewirken!

allen Zeiten schon vorgekommen. Kleine Kinder begreifen noch nicht viel von dem, was da vor sich geht. Solange Sie Ihre Aufmerksamkeit schnell dem Kind zuwenden und die Situation nach bestem Vermögen retten, ist es nicht weiter schlimm. Dass Vater und Mutter zueinander auf Distanz gehen, wäre für das Kind weitaus schlimmer als so ein flüchtiger peinlicher Moment.

Babysitter

Von guten Babysittern profitieren Ihre Kinder enorm. Kleine Kinder fühlen sich groß, wenn sie einen Babysitter haben dürfen – das sorgt für eine andere Atmosphäre, andere Regeln, und einen Abend lang darf man vielleicht auch mal andere Dinge tun, als sonst erlaubt sind. Zudem lässt sich den Kindern so auf eine schöne Art vermitteln, dass es andere Erwachsene gibt, bei denen sie sich auch sicher aufgehoben fühlen können.

Außerdem sollte man einen Aspekt dabei nicht außer Acht lassen: Besorgen die Eltern für einen Abend einen Babysitter und tun einmal andere Dinge, sehen die Kinder, dass ihre Eltern einander wichtig sind. Das finden Kinder toll – und merken ganz intuitiv, dass das etwas Positives ist. Das Kind lernt so, dass es in seinem Zuhause Liebe gibt.

Eifersucht

Es ist schon seltsam, wie leicht wir in fehlerhafte Verhaltensmuster zurückfallen, die so alt sind wie die Menschheit selbst. So höre ich eine Klientin in meiner Praxis davon sprechen, dass sie sich im Vergleich mit anderen Frauen minderwertig fühlt, und sehe, dass sie dieses Problem durch Maßnahmen lösen will, bei denen jedem Partner die Lust vergeht – sie wirft mit Beschuldigungen um sich, schiebt ihn von sich, benimmt sich schwierig.

Eifersucht macht Angst. Und empfindet man Angst, treibt man Menschen von sich fort, anstatt sie an sich zu ziehen.

Ursprünglich ist Eifersucht ein Ausdruck dafür, etwas oder jemanden in seinem Leben wirklich zu begehren. Tritt sie jedoch in Form dieses heftigen, plötzlich aufflammenden giftigen Gefühls in Erscheinung, bringt sie einen dazu, sich unbedeutend und wütend zu fühlen, dann ist sie zerstörerisch. Und dann reagieren Sie leicht machtvoller und übertriebener, als Sie es sollten. Vielleicht sollten Sie lieber sagen: «Ich verspüre Unsicherheit, wenn du auf Reisen bist und nichts von dir hören lässt», statt heimlich die SMS auf seinem Handy zu lesen. Er wiederum mag dann denken: «Sie vertraut mir nicht», und schon ist die Sache in eine Schieflage geraten.

Häufig sehe ich auch die Überraschung auf Seiten des Mannes, der nicht versteht, weshalb er sie verloren hat, der nicht bemerkt hat, dass ihre Liebe auf der Strecke geblieben ist. Vielleicht hat er nie begriffen, wie wichtig es ist, ihr auch mal zu zeigen, dass er sie liebt.

Sie wiederum hat nicht gemerkt, dass ihre Wahrnehmung, unbedeutend und nicht attraktiv für ihn zu sein, nicht der Wahrheit entsprach.

Man muss diesen eingeschlagenen Weg aber nicht zu Ende gehen, kann vorher innehalten und umkehren. Man kann wieder Schritte aufeinander zugehen, die eigenen Schwächen in Worte fassen, den anderen wieder richtig wahrnehmen lernen – auch wenn das selten so anstrengend ist wie in eben diesen Jahren.

Glauben Sie mir – es kommen sicherlich wieder bessere Zeiten mit einer besseren Bilanz.

Zeigen Sie Mannschaftsgeist!

Wollen Sie ein guter Teamplayer sein, sollten Sie eine Regel beherzigen: Ihren Partner nicht zu unterschätzen!

Sie müssen darauf vertrauen, dass die Person, die Sie als Mutter oder Vater Ihres Kindes ausgesucht haben, diese Aufgabe auch bewältigt. Sie müssen seine Qualitäten sehen, ihm Gelegenheit geben, sich auf Gebieten zu verbessern, auf denen es ihm bisher nicht gelungen ist, müssen ihm die Möglichkeit geben, sich neue Fähigkeiten anzueignen. Soll ihm das gelingen, müssen Sie Ihren Partner mit Wohlwollen betrachten. Wird man immer nur mit Kritik konfrontiert, gibt man irgendwann auf.

Wird der Alltag für einen von Ihnen zur Belastung, muss der andere einspringen und wieder für Beruhigung sorgen. So halten Sie als Partner zusammen. Sie beide wissen, wie schwer das sein kann, und Sie beide wissen, wie wichtig es ist, liebevoll miteinander umzugehen, sich wieder auf die Beine zu helfen und stolz auf den anderen zu sein.

Zeigen Sie also «Mannschaftsgeist»: Übernehmen Sie für Ihren Teamkollegen, wenn Sie feststellen, dass er erschöpft ist. Das versteht man unter einem guten Teamplayer.

DIE SPRACHE ENTWICKELT SICH

Im Kindergartenalter ist das Kind für Sprache am empfänglichsten. Das Kind lernt schneller und leichter sprechen als jemals sonst in seinem Leben. Jetzt tut sich viel.

Im Alter von zwei bis drei Jahren können die meisten Kinder kurze Sätze mit einigen wenigen Wörtern bilden. Ausführliche Antworten zu geben, dauert dagegen noch. Zusammenhänge zu verstehen, wie Fragen nach dem «Wie» und «Warum» sie erfordern, ist erst mit vier oder fünf Jahren möglich. Bis zu einem Alter von etwa fünf Jahren haben viele Kinder auch noch Aussprachefehler, die sie selbst gar nicht bemerken. Diese geben sich meist von ganz allein, und man muss sich deshalb keine Sorgen machen. Nähert sich das Kind dem Schulalter, wird es komplexere Sätze bilden, und viele sprechen dann schon fast wie Erwachsene.

Die Unterschiede zwischen Kindern zeigen sich vor allem darin, wann sie mit dem Sprechen anfangen und wie rasch sich ihr Sprachvermögen entwickelt. Wissenschaftler haben herausgefunden, dass es von der jeweiligen Familie abhängt, wie schnell Kinder das Sprechen erlernen. Zu welcher Kategorie Sie auch immer gehören, die Sprachbeherrschung ist ein Meilenstein für jedes Kind. Sie schenkt ihm neue Spielmöglichkeiten und gibt ihm Gelegenheit, seinen Gefühlen und seiner Phantasie Ausdruck zu verleihen. Die Sprache ist das Tor zur Welt, das sich dem Kind allmählich eröffnet.

Deshalb können Sie für Ihr Kind jetzt kaum etwas Besseres tun, als ihm beim Spracherwerb zu helfen.

EIN PAAR TIPPS FÜR DEN SPRACHERWERB

- Finden Sie heraus, woran Ihr Kind Interesse hat, und sprechen Sie mit ihm darüber. Dann fällt ihm der Gebrauch der Sprache leichter.
- Stellen Sie dem Kind Fragen, die es beantworten kann. Gestalten Sie Ihre Fragen nicht zu kompliziert und vermeiden Sie das «Wie» bis zu einem Alter von fünf Jahren. Selbst für Erwachsene sind Wieso-Weshalb-Warum-Fragen schwierig. Bleiben Sie erst mal bei Wer-Was-Wo.
- Warten Sie die Antwort ab. Seien Sie geduldig. Bei einem Drei-, Vier- oder Fünfjährigen kann es dauern, bis eine Antwort kommt.
- Lesen Sie zusammen und singen Sie miteinander! Die überraschende Verwendung von Sprache, Worten und Wortzusammensetzungen in Kombination mit Rhythmen und Reimen bringt viel Spaß und befördert das Lernen – vor allem bei Kindern, die sprachlich gesehen ihren Altersgenos-

- sen gegenüber noch etwas im Hintertreffen sind.
- Ab einem Alter von fünf Jahren gewinnen die Kinder mehr Sicherheit im Erzählen von Geschichten. Dann können unglaubliche Bilder aus der Phantasie- und Traumwelt des Kindes zum Vorschein kommen. Ermöglichen Sie dem Kind, Ihnen diese phantastische Welt zu zeigen.
- Wachsen Ihre Kinder zu Hause zweisprachig auf, sollten Sie noch mehr Zeit darauf verwenden, miteinander zu sprechen, zu lesen und zu singen – und zwar in jeder Sprache. Beim Sprechenlernen geht es darum, ganz und gar in Sprache einzutauchen. Der Erwerb von zwei Sprachen erfordert deshalb die doppelte Dosis.

SICHERHEIT SÄEN

Zu den wichtigsten Lektionen im Leben eines Kindes gehört es, zu lernen, wie man mit Problemen fertig wird. Scheint eine Welt für das Kind zusammenzubrechen, weil Sie von der Kita aufbrechen müssen, bevor es zu Ende gespielt hat, oder ist das Kind außer sich, weil es das Puzzle nicht wie gewünscht zusammensetzen kann, braucht Ihr Kind Sie. Sie müssen dann Sicherheit in ihm säen. Müssen ihm zeigen, dass die Welt deshalb nicht untergeht, dass sich alles zum Guten wenden wird.

Das tun Sie allerdings nicht, indem Sie dem Kind sagen: «Platz da, ich regel das für dich!» Wenn Sie ständig der Problemlöser für Ihr Kind sind, bewirken Sie gar nichts – dann entledigen Sie sich nur einfach an Ort und Stelle des Problems. Beziehen Sie das Kind jedoch in die Problemlösung mit ein und gehen diesen Schritt gemeinsam, schaffen Sie die Grundlage dafür, wie Ihr Kindergartenkind als Zehnjähriger mit einer misslungenen Mathearbeit fertig wird oder als Zwanzigjähriger mit dem Verlust seines Jobs umgeht.

Das Leben wird zahlreiche kleine Niederlagen für einen bereithalten, und das vor allem in dieser Altersstufe, in der Kinder so ambitioniert sind.

Sagen Sie aber: «Ich verstehe, dass es blöd ist, jetzt

gehen zu müssen, aber wenn wir die Spielsachen hierherstellen, kannst du ja vielleicht morgen damit weiterspielen», bringen Sie dem Kind bei, dass selbst die aussichtslosesten Situationen einigermaßen befriedigend bewältigt werden können. Fragen Sie das Kind, was es denkt, schlagen Sie mögliche Alternativen vor, erkundigen Sie sich bei ihm, ob es nicht auch glaubt, es könne helfen, einen anderen Teil des Puzzles anzugehen, statt sich auf das eine Teil zu konzentrieren, das nicht passt.

Wir Erwachsenen können die meisten Probleme leicht aus der Welt schaffen – wir wissen, wie wir sie bewältigen. Das Kind aber muss das erst lernen, es ist darauf angewiesen, dass Sie ihm einen Weg aufzeigen, dass Sie ihm nach und nach beibringen, dass die Welt nicht untergeht, auch wenn man einmal scheitert. Sie sollten die Saat säen, die Ihr Kind später im Leben dazu befähigt, bei auftretenden Schwierigkeiten zu sagen: «Ich komme damit klar. Ich kriege das hin und finde eine Lösung.»

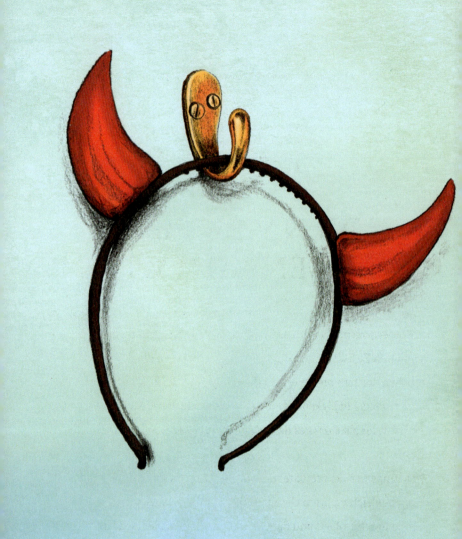

WENN ES ZU KRISEN KOMMT

Im Kindergartenalter wird es im Alltag häufiger hoch hergehen als zu anderen Zeiten. Kinder dieses Alters wissen noch nicht, was sie brauchen, fordern aber viel – und das ständig. Gleichzeitig fehlen ihnen noch die Fähigkeiten, um etwas allein zu bewerkstelligen. Kein Wunder also, dass es da zu Konflikten und Zusammenstößen kommt.

Sie tragen etwas verspätet das warme Abendessen auf, während vielleicht gleich mehrere Geschwister darüber streiten, welches Lied sie hören wollen, und dann fällt ein Glas zu Boden, weil der Kleinste beim Tischdecken helfen will. Eigentlich kann man jede x-beliebige Szene entwerfen – dergleichen passiert in diesem Moment überall auf der Welt. Mit kleinen Kindern ist der Alltag manchmal viel zu chaotisch und wird von kleinen und großen

> Verängstigte Kinder nehmen nichts auf, hören nichts, bekommen nichts mit. Deshalb sollten Sie zuerst immer für Beruhigung sorgen. Schreien Sie: «Jetzt musst du aber mal hören!», besagt das nur, dass Sie beide gewissermaßen Angst haben. Dann wird Ihr Appell auf taube Ohren stoßen.

Krisen beherrscht. So war es bei uns zu Hause, und so wird es auch bei Ihnen sein – keiner bleibt davon verschont.

Was aber tut man dann, wie geht man in diesen stürmischen Zeiten mit seinem Kind um? Eine perfekte Lösung wird es nicht geben, ein Erfolgsrezept, das man haargenau befolgen kann, und dann – Bingo! Ihr Kind braucht Sie in diesen Momenten allerdings mehr als jemals sonst. Deshalb sollten Sie versuchen, die schlimmsten Fehler zu vermeiden, die so leicht begangen sind. Sie sollten das Kind nie sich selbst überlassen oder es bestrafen.

Maßregeln Sie ein Kind zu oft oder lassen es in solchen Situationen im Stich, wird ihm das schaden. Dann zerstören Sie sein Vertrauen in Sie, beschädigen die Bindung zwischen sich.

Zum Kind durchdringen

Kinder können schreien und mit Gegenständen um sich werfen, können einen Wutanfall bekommen und alles zerreißen, können Sie beschimpfen, schlagen, beißen und Sie an den Haaren ziehen – aber das tun sie, weil sie noch nicht gelernt haben, wie sie sich auf eine gesellschaftlich akzeptable Weise ausdrücken können. Sie brauchen Zeit, um zu lernen, wie wir im Zusammenspiel mit anderen Menschen funktionieren.

Vor einem Wutausbruch muss man keine Angst haben. Reagiert ein Vierjähriger unbeherrscht, wird wütend oder gerät außer sich, ist das meistens ein Ausdruck seiner Hilflosigkeit. Ihre Aufgabe besteht dann darin, ihm zu zeigen, dass eine Grenze überschritten wurde – ohne dem Kind Angst zu machen –, und dass selbst diese heftigen und negativen Gefühle überwunden werden können. Ein Kind kann noch nicht allein mit seinen Gefühlen umgehen.

Wenn sich das Kind wieder beruhigt hat, kann man mit ihm ein Gespräch darüber führen, was der Grund für seine Aufregung war, und was man beim nächsten Mal vielleicht anders machen könnte. Den Umgang mit solch intensiven Gefühlen zu lernen, braucht Zeit, führen Sie das Kind aber gelassen und geduldig aus der Situation heraus, wird es irgendwann daraus lernen.

Ich weiß sehr wohl, wie kräftezehrend das ist. Bei mir saßen schon verzweifelte Eltern in der Praxis, die sagten: «Ich kann nicht zu meinem Kind durchdringen, ich weiß keine Lösung.» Obwohl ich dieses Gefühl kenne, ist diese Reaktion doch falsch.

Es gibt immer einen Zugang zu Ihrem Kind, Sie müssen ihn vielleicht nur noch finden.

Die fatale Strafe

David und Elise kamen zu mir, weil der Kindergarten ihres Sohnes Gesprächsbedarf angemeldet hatte. Der Vierjährige hatte erzählt, dass der Vater ihn schlüge. Die Eltern wiesen dies energisch von sich und meinten, der Junge würde übertreiben. Nach und nach kam heraus, dass sie ihn zwar nicht schlugen, ihm aber einen Klaps gaben, wenn sie meinten, dass er etwas falsch machte – wenn er trödelte, mit seinen Kleidern Schabernack trieb oder – wie sie glaubten – grundlos weinte. Und das zeigte auch eine Wirkung. Es war dann, als würde er aufwachen, und er gab auch besser acht.

David erklärte, dass er selbst auf diese Weise erzogen worden sei. «Mir hat's nicht geschadet», sagte er. Er war allein mit seiner Mutter in ärmlichen Verhältnissen aufgewachsen. Wichtig war nur gewesen, genügend Geld zu verdienen, damit am nächsten Tag Essen auf dem Tisch stand – die Züchtigungen waren da noch das geringste Problem. David wurde zeitweise fortgeschickt und lebte woanders, was er heute als schmerzlich empfindet. Er verspürt kein Verlangen danach, seine Mutter als Erwachsener häufiger als nötig zu sehen, empfindet keine Zuneigung für sie, steht ihr nicht nahe, fügte aber hinzu, dass er seiner Mutter dankbar sei für das, was sie für ihn getan habe.

Elise hörte das zum ersten Mal. Sie hatte ihren Mann immer als stark empfunden, ihn als Beschützer gesehen, gelegentlich als jemanden, der etwas zu streng auftrat, hatte aber nichts über seine Kindheit gewusst. Sie selbst stammte aus einer herzlichen Familie, hatte viel Kontakt zu ihren Eltern, «zu viel», wie David meinte. Elise hatte immer gedacht, David wisse sicherlich am besten, wie ein Junge erzogen werden müsse.

Wir trafen uns in jenem Herbst häufig und sprachen darüber, was Strafen bei einem Kind anrichten. Wie eine Maßregelung, die kurzfristig zu wirken scheint, dazu führt, dass man leichter über die Stränge schlägt und das Kind bestraft. Und dass sich dies langfristig zerstörerisch auf die ganze Familie auswirkt.

Ein Kind körperlich oder seelisch zu bestrafen, statt mit ihm über sein vermeintliches Vergehen zu sprechen, hat Misstrauen und Distanz zur Folge. Es höhlt die Vorstellung von einem *Wir* aus, untergräbt den Familienverband. Die einzelnen Familienmitglieder funktionieren bloß noch. «Ich verhalte mich so, weil ich es muss», ist etwas ganz anderes als eine Beziehung, die sich auf Vertrauen und Nähe gründet. Das Ergebnis sind Kinder, die sich einsam fühlen und nicht auf die Erwachsenen vertrauen, die den Umgang mit ihren Eltern als schmerzhaft empfinden.

WAS TUN, WENN SICH ALLES ZUSPITZT?

1. Atmen Sie einmal tief durch und denken Sie nach. Falls Sie glauben, dass die Situation sich gleich zuspitzen wird, weil das Kind Ihnen auf die Nerven geht, treten Sie einen Schritt beiseite und überlegen Sie, was Sie jetzt tun können. Gelingt Ihnen das, vermeiden Sie vorschnelle Handlungen, können reagieren, ohne wütend zu werden oder das Kind zu bestrafen, und Ruhe bewahren.
2. Befassen Sie sich mit dem, was gerade vor sich geht. Begeben Sie sich auf Augenhöhe mit dem Kind und versuchen Sie gemeinsam mit ihm, den Gefühlen auf den Grund zu gehen. Was war der Auslöser für seine Frustration?
3. Helfen Sie Ihrem Kind, mit diesen Gefühlen umzugehen. «Ach so, hast du ganz vergessen, dass wir jetzt loswollten? Ich weiß, wie das ist, aber es bleibt uns nichts anderes übrig, wir müssen trotzdem los. Komm!»
4. Dass Kinder trödeln, Dinge falsch machen oder nicht hören, ist ganz normal. Das bedeutet nur, dass sie Ihre Hilfe brauchen, keine Strafe. Kind zu sein heißt, in die Lehre zu gehen. Lernen tun wir am besten durch Vorbilder, im *Beisein* von anderen, nicht durch Zurückweisung. Gehen Sie auf Ihr Kind ein, und machen Sie sich nicht zum Feind des Kindes.
5. Übernehmen Sie die Regie und geben Sie Orientierungshilfe. Kinder müssen lernen, sie brauchen aber jemanden, der ihnen den Weg in die richtige Richtung weist, und da ist niemand anderes als Sie gefragt.

David und Elise sahen allmählich ein, dass sie anders mit ihrem Sohn umgehen mussten, wenn er etwas tat, das sie missbilligten. David erkannte deutlicher, welch ungesunde Dynamik es zwischen seiner Mutter und ihm gegeben hatte, welche Folgen Bestrafungen haben, dass sie eine Distanz bewirken. Als David und Elise schließlich ihre Therapie bei mir beendet hatten, verließen sie meine Praxis mit einer ganz neuen Auffassung. Und ich hoffe, dass sie sich diese bewahren konnten.

Eine Antwort auf wichtige Fragen

Ihr Kind befindet sich jetzt in einem Alter, in dem es seinen Platz in der Gemeinschaft finden muss, in dem es allmählich ein Teil der Gesellschaft wird. Unsere Erziehung vermittelt uns eine Vorstellung davon, wer wir sind und was wir «verdienen». Wie möchte ich von anderen Menschen behandelt werden? Weshalb bin ich liebenswert? Was sehe ich, wenn ich in den Spiegel schaue? Was bin ich eigentlich wert? Diese Fragen begleiten uns unser gesamtes Leben hindurch. Und wie wir sie beantworten, ist grundlegend dafür, welche Entscheidungen wir eines Tages fällen werden – und ob optimistische, selbstsichere Menschen aus uns werden oder unzufriedene Pessimisten.

Kinder, die bestraft werden, gewinnen mit der Zeit den Eindruck, nicht zu genügen, fühlen sich wertlos, wenn sie mit den bedeutenden Fragen des Lebens konfrontiert werden.

Strafen machen das Kind nicht widerstandsfähig, sondern unsicher. Das gilt sowohl für körperliche wie auch für seelische Gewalt. Das gilt für all jene Kinder, denen immerzu signalisiert wird, dass mit ihnen etwas nicht stimmt. «Man kann sie nicht im Haus haben», sie sind «dumm» und «unerzogen» und «böse» – all diese Etikettierungen machen es einem Kind nahezu unmöglich, etwas zu lernen und sich weiterzuentwickeln.

Strafen führen zu Minderwertigkeitsgefühlen.

Strafen erteilen einem nur eine Lektion: Es nicht wert zu sein, dass einem Liebe oder Zeit geschenkt wird.

Strafen sagen einem nur, was man *nicht* tun soll, sie bieten keine Lösungen an.

Strafen verurteilen einen zu einer Verliererposition.

Das habe ich bei so vielen Menschen gesehen: Ein bestraftes Kind wird niemals nach etwas Positivem streben. Manche von ihnen werden ihr Leben lang mit dem Gefühl kämpfen, wertlos zu sein, andere werden resignieren. Dem bestraften Kind wird es weitaus schwerer fallen, die Anforderungen des Lebens gut zu bewältigen, es hat größere Schwierigkeiten im Umgang mit seinen Mitmenschen und – nicht zuletzt – mit Ihnen, seinen Eltern. Zu bestrafen bedeutet, das zwischen dem Kind und Ihnen existierende Band zu zerstören. Gehören Sie zu denen, die glauben, Strafen gehörten zur Kindererziehung, liegen Sie falsch und sollten umdenken – und das nicht zu spät. In der Kindererziehung kommt es nur auf Liebe, Zuspruch und sanfte Lenkung an. Darauf, dem Kind Sicherheit und Geborgenheit zu geben. Dann wird es alles Wichtige für sein Leben lernen.

Das richtige Maß finden

Ist es zulässig, dem Kind einen Klaps zu geben, damit es mit seinem Verhalten aufhört? Was kann man eigentlich tun, wenn einen das eigene Kind beißt? Es gibt Momente, in denen wir das Kind festhalten müssen, wie viel Kraft dürfen wir dabei aufwenden?

Das Gesetz gibt da eine ganz eindeutige Richtschnur vor: Kinder haben ein Recht auf eine gewaltfreie Erziehung. Selbst der vielzitierte «kleine Klaps» richtet Schaden an. Das gilt auch für das zu starke Festhalten des Kindes oder ein zu festes Zudrücken. All diese Strafmaßnahmen vermitteln dem Kind nur eines: «Ich kann dir weh tun.»

Aber gelegentlich muss man ein Kind festhalten, um es zu beruhigen, ab und zu muss man Kraft einsetzen. Ich kenne das aus eigener Erfahrung, weiß aber auch, dass es einen großen Unterschied gibt zwischen dem Festhalten, um das Kind zu beruhigen, und jenem Festhalten, mit dem man es zum Einlenken bewegen will.

Müssen Sie ein Kind, das noch nicht aufbrechen will, mitnehmen, sollten Sie das auf so schonende Weise wie möglich tun. Es also nicht einfach hochheben und an einem Arm hinter sich

> Strafen werden langfristig gesehen dazu führen, dass die Bindung zwischen Ihnen und dem Kind Schaden nimmt.

herschleifen, zum Beispiel, denn das ist schmerzhaft und wird niemanden beruhigen. Nehmen Sie es lieber auf den Schoß oder in den Arm, auch wenn das schwierig sein kann bei einem Dreijährigen, der nirgendwo hinwill oder einen Tobsuchtsanfall hat. Versuchen Sie, Ihre Macht so wenig wie möglich auszuspielen.

Sie sind so viel größer als Ihr Kind und haben automatisch eine große Übermacht, auch sind Sie viel schlauer. Sie sollten Ihre Kraft und Ihre Klugheit dafür einsetzen, das Kind nicht zu verletzen.

Das verlassene Kind

Wie schon in Kapitel 2 erwähnt, müssen Sie als Eltern Ihrem Kind dabei helfen, mit den Gefühlen umzugehen, mit denen es konfrontiert wird. Sie sind sozusagen mit dem Terrain vertraut, und ohne Sie hat das Kind keine Chance. Dieses sollten Sie sich immer vor Augen führen.

Wie viele Kinder werden immer noch dazu aufgefordert, sich allein irgendwo hinzusetzen und ein Weilchen darüber nachzudenken, was sie getan haben? Wie viele Kinder werden immer noch auf ihr Zimmer geschickt? Es ist verständlich, dass es manchmal dazu kommt – es gibt Momente, in denen man sich als Eltern vollkommen machtlos fühlen kann, in denen einem nichts Besseres einfällt als das, selbst wenn man später erkennt, dass es nicht die beste Lösung war.

Trotzdem bringt einen eine solche Reaktion nicht weiter. Das Kind allein zu lassen, damit es über sein Verhalten nachdenkt, ist niemals gut – das führt nur dazu, dass das Kind Angst bekommt. Kinder dieses Alters können sich nichts Schlimmeres vorstellen, als verlassen zu werden, und in diesem Alter haben sie auch noch nicht das Reflexionsvermögen, um zu erkennen, dass ihr Verhalten falsch war. Stattdessen sitzen sie womöglich verängstigt auf ihrem Zimmer und fragen sich, was passieren wird, wenn ihre Mutter oder ihr Vater wieder nach ihnen schaut: «Bist du immer noch so wütend?»

Lassen wir die Kinder in diesem Moment allein, lassen wir sie in einer fremden Landschaft zurück. Sie kennen selbst keinen Ausweg, sind nur auf *Sie* angewiesen, haben nur *Sie*. Durch solch eine «Auszeit» geben Sie dem Kind zu verstehen, dass es allein den Rückweg finden muss – und damit verlangen Sie zu viel von ihm.

> Hat sich die Situation beruhigt, ist es Gold wert, miteinander über den Vorfall zu sprechen. So lernt das Kind, seine Gefühle und das, was ihm Probleme bereitet, in Worte zu fassen. Und das wird es langfristig zu einem glücklicheren Menschen machen.

Zu verständnisvoll

Ich erinnere mich an eine Familie, die sich von ihrem Fünfjährigen zu Hause vollkommen unterjocht vorkam. Er hielt das Zepter fest in der Hand, benahm sich schlecht, zerbrach Sachen und knallte mit den Türen. Wann immer er einen Wutausbruch bekam, ordneten sich ihm die anderen unter. Seine Mutter versuchte immer, verständnisvoll zu sein. Selbst wenn er anfing zu schlagen, ignorierte sie ihre persönlichen Grenzen. Sie wollte um jeden Preis Verständnis zeigen und tat das, indem sie alles billigte, was der Junge tat, selbst wenn er schlug.

Doch wie sollte er so jemals lernen, dass man die Grenzen anderer respektieren muss, wenn seine Mutter ihm kein Handwerkszeug dafür an die Hand gab?

Verständnis ist ja gut und schön, nur funktioniert es nicht ohne

Kurskorrekturen. Manche Eltern zeigen so viel Verständnis für ihre Sprösslinge, dass sie sich dadurch unnatürlich verhalten und das Kind verwirren. Kindern zu viel Verständnis entgegenzubringen, macht die Elternposition unklar. Selbstverständlich sollen Sie sich bemühen, Ihr Kind zu verstehen, aber auch nicht das große Ganze außer Acht lassen: Alle Familienmitglieder müssen auf ihre Kosten kommen, es darf sich kein Ungleichgewicht einstellen.

Was also sollte die Mutter tun, wenn ihr Sohn sie schlug?

Zurückschlagen ist nie eine gute Lösung. Genauso wenig wie gar nicht darauf zu reagieren. Viele Eltern verfallen dann in die dritte Person, sagen: «Du darfst Mama nicht schlagen!» An und für sich stimmt das ja auch, doch sollte man die Distanz, die diese sprachliche Formulierung erzeugt, vermeiden. Stattdessen sollten Sie eine Sprache benutzen, die das Kind verstehen kann: «Nein! Schlag mich nicht! Das hilft einem nicht weiter.» Sie sollten dem Kind vermitteln, dass es keine Lösung ist, jemanden zu schlagen – selbst wenn man wütend ist. Dass dies bei ihnen nicht funktioniert und auch nicht bei anderen.

Es gibt auch Momente, in denen Worte nicht genügen. Ein Kind kann schon viel Kraft haben, und Wut macht stark – wenn Sie einen Sechsjährigen also mal festhalten müssen, dann tun Sie das eben. Es bewirkt nur nichts auf Dauer. Am Ende sind immer nur Worte und Verständnis zielführend.

Das wütende Kind muss wissen, dass Sie sich in es und seinen

SIE SOLLTEN NIE ÜBER DIE PROBLEME SPRECHEN, WÄHREND SIE NOCH MITTENDRIN SIND. ZUERST MÜSSEN SIE DEN VORFALL LÖSEN, UND WENN SICH DIE SITUATION WIEDER BERUHIGT HAT, KÖNNEN SIE DIESE THEMATISIEREN.

Gefühlstumult hineinversetzen können und dass es einen Ausweg aus seinen Gefühlen gibt. Wenn sich alles wieder etwas beruhigt hat, Sie etwas gegessen haben, im Auto sitzen oder nach Hause gehen, können Sie dann über das Vorgefallene sprechen.

Was steckt dahinter?

Ist die Krise vorbei, beginnt erst die eigentliche Arbeit – wenn alles wieder in ein ruhigeres Fahrwasser gekommen ist, können Sie versuchen, den Grund für das Vorgefallene zu ermitteln. Für einen Zwei- oder Dreijährigen gibt es dabei noch nicht so viel zu bereden. Hier geht es eher darum, das Kind damit vertraut zu machen, dass man die Dinge nicht einfach auf sich beruhen lässt. «Du, Schatz, war das gerade eben nicht ein bisschen falsch?», können

Sie kleineren Kindern gegenüber sagen. Vielleicht nicken diese dann, und damit können Sie die Sache abschließen. Ab einem Alter von vier Jahren können Sie anfangen, den Kindern Fragen zu stellen: «Was war da los?» Erwarten Sie noch kein großes Verständnis oder tiefschürfende Erkenntnisse, sondern akzeptieren Sie die Antworten, die Sie erhalten, ohne das Kind zu belehren oder es zurechtzuweisen. So gewöhnt sich das Kind daran, dass es Dinge erzählen kann und Sie in der Lage sind, zuzuhören, dass es auch über schwierige Dinge mit Ihnen sprechen kann.

Erreicht Ihr Kind erst einmal das Einschulungsalter, fällt es leichter, ihm Orientierungshilfe zu geben und Alternativen anzubieten, wie sich Dinge anders regeln lassen. Für Kindergartenkinder ist erst mal nur wichtig, dass Sie als seine engste Bezugsperson Verständnis für es äußern.

Sind die Tränen getrocknet und die Wut verraucht, sollten Sie die Ursache für den Ausbruch ergründen. Stellen Sie sich selbst die Frage, was da vorgegangen ist und was der Auslöser dafür gewesen sein könnte. Fragen Sie sich auch, was das eigentlich bedeutet und was jetzt Abhilfe versprechen könnte.

Den Dingen Zeit geben

Kinder haben ihr eigenes gemächliches Tempo, deshalb in Stress zu geraten, bringt nicht viel. Müssen Sie das Haus verlassen und noch keines der Kinder hat seine Jacke angezogen, verschlimmert sich die Situation nur, wenn Sie anfangen zu nörgeln. Das Kind hat noch kein Zeitempfinden und kann nicht nachvollziehen, warum es so eilt. Ihm fehlt ganz einfach noch der Überblick. Vielleicht hat es sich gerade etwas ganz anderes vorgestellt, vielleicht findet es nichts dabei, sich wahllos die Kleidung anzuziehen. Es ist, wie es ist. Deshalb kommen Eltern von Kleinkindern auch immer zu spät. Daran sollte die Gesellschaft sich gewöhnen und etwas großzügiger darüber hinwegsehen – die meisten von uns machen das im Leben einmal durch.

Eltern sollten aus diesem Grund Situationen vermeiden, die einfach schiefgehen *müssen*. Ein Dreijähriger kann einem stundenlangen Cafébesuch noch nichts abgewinnen. Haben Sie Glück und daran gedacht, Spielzeug mitzunehmen, haben Sie vielleicht eine Dreiviertelstunde im Café. Stellen Sie dann fest, dass es allmählich reicht, müssen Sie Ihre Sachen zusammenraffen und mit dem Kind dorthin weiterziehen, wo es Spannenderes erleben kann. Vorübergehend haben die Bedürfnisse des Kindes noch Vorrang. Ziehen Sie sich nicht in einen Schmollwinkel zurück, weil Sie eigene Wünsche und Vorstellungen zurückstellen müssen.

Falls es Ihnen ein Trost ist: In ein paar Jahren sieht alles anders aus. Ich sitze jeden Sonntag mit meinem ältesten Sohn im Café, jeder von uns mit einem Buch und einem Stück Mohrrübenkuchen vor sich – und er genießt es.

Essen Sie Schokolade

Und wenn ich schon von Kuchen spreche – ein Kind zur Vernunft bringen zu wollen, während es hungrig, müde oder außer sich ist, hat keinen Zweck. Kleine Kinder sind noch schnell erschöpft. Wir Erwachsenen machen uns vielleicht nicht so viele Gedanken darüber, was sie im Kindergarten oder den ganzen Tag über schon erlebt haben, aber stellen Sie sich einmal vor, Sie wären an allen möglichen Unternehmungen beteiligt, würden gleichzeitig jeden Tag eine Menge neuer Dinge lernen und wären dabei mit einem Haufen Menschen konfrontiert. Aus all diesen Gründen sind Kinder häufig stärker erschöpft, als wir vielleicht zunächst erkennen.

Wir schulden es Ihnen deshalb, dass wir am Ende unseres Arbeitstages beim Wiedersehen mit ihnen nicht ebenfalls völlig erledigt sind. Kinder brauchen noch einigermaßen funktionstüchtige Ansprechpartner, bis das Abendessen fertig ist und alle wieder gut zu Hause angekommen sind und ihren Rhythmus gefunden haben.

Eltern, die ihre Kinder in der Kita abholen, sollten einen guten Blutzuckerwert haben. Essen Sie also vorher ein Stück Schokolade oder ein paar Nüsse. Irgendetwas, das Ihnen wieder etwas Energie schenkt. Wenn Sie ebenso erschöpft sind wie Ihr Kind, gelingt es Ihnen nicht, Ihrer Elternrolle gerecht zu werden.

Übernehmen Sie als Erwachsener also auch Verantwortung in eigener Sache – und essen Sie ein Stück Schokolade.

ZWISCHEN ZWEI ALTERNATIVEN WÄHLEN LASSEN!

Kinder im Kindergartenalter wollen gern die Wahl haben und verabscheuen Fragen, die sie überfordern. Fragen Sie Ihre Dreijährige deshalb nur, ob sie lieber Leberwurst oder Käse auf ihrem Butterbrot haben möchte. Sagen Sie nicht: «Was möchtest du auf deinem Butterbrot haben?» Mit der ersten Frage können die Kleinen noch umgehen, die zweite übersteigt ihr Fassungsvermögen.

Eine mir bekannte Erzieherin hat mir einmal erzählt, dass Eltern ihre Kinder häufig in «Entscheidungsfallen» zwingen und dies eines der schlimmsten Dinge überhaupt sei. Sie stellen dem Kind Fragen, die eigentlich gar keine Fragen sind. «Möchtest du jetzt nach Hause gehen?» ist für einen erschöpften Vierjährigen kurz vor Kitaende keine gute Frage. Sie alle müssen in diesem Moment einfach nur die Kita verlassen. Es ist viel komplizierter, wenn Sie eine Situation provozieren, in der das Kind mit einem «Nein» reagieren kann, und Sie dann mit dieser umgehen müssen, als dem Kind gar nicht erst diese Wahl zu lassen. Fragen wie: «Was willst du jetzt eigentlich? Ich verstehe nicht, was du willst!» von Elternseite richten genauso viel Unheil an. Das verwirrt die Kinder nur und macht sie traurig.

Ihnen wird in einer Situation die Verantwortung für eine Entscheidung zugeschoben, die für sie einfach nur problematisch ist.

Auf der anderen Seite ist es jedoch wichtig, dem Kind über manche Dinge in seinem Leben die Kontrolle zu überlassen. Entscheidungen zu treffen, verleiht einem auch neue Motivation, und man lernt, Verantwortung zu übernehmen. Selbstbestimmt Entscheidungen zu treffen, gibt dem Kind ein Gefühl von Selbständigkeit. Es kommt jedoch darauf an, das Kind nur solche Entscheidungen treffen zu lassen, zu denen es in der Lage ist.

«Welchen Schuh möchtest du zuerst anziehen, den linken oder den rechten?» Dieses Beispiel macht deutlich, dass Sie dem Kind zutrauen, selbst seine Schuhe anzuziehen, und dass es die Reihenfolge selbst bestimmen darf – und dann zieht das Kind die Schuhe auch an. Die Reihenfolge, in der die Kleidung angezogen wird, was es zum Abendessen geben soll, welche Zähne zuerst geputzt werden sollen, wo zuerst aufgeräumt werden soll – es wimmelt im Alltag vor Situationen, in denen Kinder sich darüber freuen, selbst die Wahl zu haben. Dann ziehen sie neue Energie daraus. Soll das gelingen, müssen Sie dem Kind bei Dingen die Wahl lassen, die es wirklich selbst entscheiden kann. Mehr als zwei mögliche Alternativen sollten Sie ihm nicht anbieten. Nähert sich das Kind dem Einschulungsalter, können Sie es vielleicht unter drei Alternativen auswählen lassen, aber mehr auch nicht.

Dürfen Kinder selbst durch diese zunächst einfachen Entscheidungsmöglichkeiten navigieren, sind sie mit Feuereifer bei der Sache!

DAS KIND LOSLASSEN

Ihr Kind braucht Sie, muss aber eines Tages für sich selbst sorgen können. Bis dahin vergeht allerdings noch viel Zeit, und dass es einmal so weit sein wird, ist jetzt kaum vorstellbar – aber irgendwann werden Sie ihm beim Packen helfen, seine sieben Sachen zu einem Umzugswagen tragen, es verabschieden, und es wird irgendwo anders seine erste eigene Wohnung beziehen.

Bei der Kindererziehung geht es eigentlich auch nur um eines – dass Ihr Kind eines Tages selbständig seinen Weg gehen kann. In dem Alter, das ich in diesem Buch beschreibe, möchten und sollten Ihre Kinder noch nicht lange von Ihnen getrennt sein. Noch dehnen sie ihre Kreise erst langsam aus und Sie und ihr Zuhause, ihre Familie, sind noch der Fixpunkt. Aber zu sehen, dass Ihr Fünfjähriger draußen allein spielt, während Sie am Fenster stehen und ihm zuschauen, ist ein toller Moment – für Sie wie auch für das Kind. Auch wenn es noch nicht auf sich allein gestellt zurechtkommt, braucht es diese Erfahrung, um zu wissen, dass das möglich ist – dass es selbständig Herausforderungen bewältigen kann. Die Kinder brauchen sozusagen ihre eigenen kleinen Rückzugsorte, ihre persönlichen Geheimnisse, müssen ein *Ich-Gefühl* entwickeln.

Das wird sie auf den Tag vorbereiten, an dem der Umzugswagen vor der Tür steht.

Höhlen und Zelte

Wissen Sie noch, wie es als Kind war, einen Ort zu haben, der nur Ihnen gehörte? In einem Schrank unter den Kleidern, hinter dem Sofa bei Ihren Großeltern oder vielleicht eine Ecke im Wald, wo die herabhängenden Zweige eines Baumes eine Höhle bildeten? Ich erinnere mich heute noch, was für ein wundervolles Gefühl es war, unter dem Esstisch zu liegen, wenn beim Besuch von Gästen das Tischtuch lang herunterhing. Kinder brauchen solche spannenden «Inseln», Zeit für sich und das Gefühl, mal nicht gesehen zu werden. Das bestärkt sie.

In einem Alter von zwei oder drei Jahren werden Momente dieser Art noch selten sein, erreichen die Kinder jedoch erst mal ein Alter von vier oder fünf Jahren, benötigen sie womöglich etwas mehr Zeit für sich allein, ohne dass die Erwachsenen einen immer mit Argusaugen beobachten. Sich zurückziehen zu können, ist von großer Bedeutung für sie. Kinder lieben deshalb Zelte und Höhlen, ein Versteck, in das sie krabbeln und wo sie in eine geheime Welt eintauchen können, die weitab von allem anderen ist. Erlauben Sie ihnen das und schaffen Sie Raum dafür! Ständig überwacht zu werden, ist anstrengend.

Ab und zu werden die Kinder dabei natürlich Dummheiten anstellen. Sie werden sich gegenseitig die Haare schneiden, die Wand mit Sprühfarbe «verschönern», etwas essen, das sie besser nicht hätten essen sollen – aber das alles gehört dazu, das alles gibt ihnen ein Gefühl von Sicherheit, dieses Gefühl, zu wissen, dass sie einen magischen Rückzugsort ganz für sich allein haben, an dem alles möglich ist. Deshalb möchte ich Ihnen als Eltern raten, diese Phantasiewelten Ihrer Kinder zu begrüßen. Früher oder später müssen sie ihr Leben allein gestalten. Verantwortung für sich selbst zu übernehmen lernen sie aber nur, wenn sie ein Übungsfeld dafür haben.

Diese Entwicklung geht stufenweise vor sich, bei einem Fünfjährigen handelt es sich dabei vielleicht um 10 oder 20 Minuten, aber das ist schon mal ein guter Beginn und eine wertvolle Zeit für das Kind.

Viele Eltern machen sich Sorgen, wenn ihre Kinder Geheimnisse vor ihnen haben. Im Dunkeln können schlimme Dinge geschehen.

> Alle Kinder sind mit einer gewissen Entdeckerlust auf die Welt gekommen, einer natürlichen Lust, sich neues Wissen und neue Spiele anzueignen. Geben Sie Ihrem Kind die Möglichkeit, sich beim freien Spielen zu entfalten, wird es eine Menge lernen.

Geheimnisse können aber auch etwas Schönes, Spannendes sein. Eines zu hegen, das keiner kennt, knüpft starke Loyalitätsbänder. Kinder brauchen Geheimnisse, sie brauchen diese Räume, die ihnen allein gehören. Lassen Sie ihnen diesen Freiraum so oft wie möglich. Dann lernen sie auch den Unterschied zwischen guten und schlechten Geheimnissen – eine Vorstellung davon zu gewinnen fällt leichter, wenn man weiß, wie sich schöne Geheimnisse anfühlen.

Nicht stillsitzen können

Ich weiß noch, welche Auffassung ich früher selbst darüber hatte, wie meine Kinder sich benehmen sollten. Heute bin ich nicht mehr sonderlich stolz darauf. Leicht hat man die Vorstellung von einem wohlerzogenen, höflichen und ruhigen Kind – bis man dann eigene Kinder hat. Kinder dieses Alters können einfach noch nicht länger stillsitzen. Bleibt Ihr Zweijähriger während eines Fußballspiels oder eines Gottesdienstes vielleicht noch geduldig sitzen, wird aus ihm rasch ein Dreijähriger, der die ganze Zeit umherrennt, als würde die Welt in Flammen stehen. Das heißt nicht, dass es Ihnen nicht gelungen ist, Ihrer Erziehungsaufgabe gerecht zu werden – das heißt einfach nur, dass Sie einen Dreijährigen haben. Sie können natürlich nicht alle Situationen vermeiden, in denen das Kind ruhig dasitzen muss, sollten aber darauf vorbereitet sein, indem sie etwas zu essen dabei haben, etwas zum Spielen, und die Option anbieten können, an einen anderen Ort weiterzuziehen, wenn es dem Kind zu viel wird. Glauben Sie nicht, dass Sie dazu verdonnert sind, die ganze Zeit über an Ort und Stelle zu bleiben.

Kinder im Kindergartenalter wollen nicht stillsitzen müssen. Stellen Sie sich so gut wie möglich darauf ein und heißen Sie die Lebensfreude und die Entdeckerlust der Kleinen willkommen.

Übereifrige Eltern

Mit den Möglichkeiten wächst auch der Ehrgeiz. Sie können drei Jahre alten Kindern ohne weiteres das Lesen beibringen, das ist nicht besonders schwierig – das Problem ist nur, dass sie es wieder vergessen werden. Bevor sie nicht wirklich für das Lesenlernen bereit sind, erkennen sie noch nicht den Nutzen darin und die Freude, die das mit sich bringen kann. Es macht also keinen Sinn, die Nase vorn zu haben.

Kinder sollten hier und jetzt das lernen, was ihnen dient und was ihnen Spaß bringt. Es ist ein Irrglaube, wenn man meint, sie würden schneller lernen, je früher sie damit anfangen. Ihr Sohn wird nicht automatisch ein besserer Fußballspieler oder ein besserer Violinist, wenn er schon als Dreijähriger Übungsstunden nimmt. Auch wenn das naheliegend scheint, die Wirklichkeit sieht anders aus. Kleinkinder lernen Neues, wenn sie etwas spannend finden und dauerhaft daran interessiert sind. Spielt Ihre Tochter gern Fußball, sollte sie es tun dürfen, solange sie mag, aber es wird trotzdem nicht gleich eine Ada Hegerberg aus ihr werden, nur weil sie schon als Vierjährige in einer Fußballmannschaft spielt.

Es ist ein häufiger Fehler von Eltern, mehr Ehrgeiz zu entwickeln als das Kind selbst. Möchte man in etwas gut sein, muss man es gerne tun. Lust und Freude sind wichtiger als alles andere, wenn dem Kind auf einem Gebiet Erfolg beschieden sein soll. Wenn etwas zur Pflicht wird, einem keine Entscheidungsfreiheit gelassen wird und die Ambitionen allein auf Elternseite liegen, versiegt die Lust. Eltern sollten deshalb lieber verfolgen, was ihr Kind gerne tut, als sich von ihren eigenen Wünschen leiten zu lassen. Lassen Sie Ihr Kind tanzen gehen, puzzeln oder Blumen pflanzen, lassen Sie es rodeln, Handball spielen oder Skifahren – aber lassen Sie das Kind die Dinge mit Begeisterung tun und an seinen eigenen Interessen ausrichten.

Kinder suchen die Bewunderung ihrer Eltern, ein Kind findet es

DARF SICH DAS KIND AUSPROBIEREN, GELINGEN IHM DINGE UND HAT ES ERFOLG, GIBT IHM DAS DIE BESTÄTIGUNG, GUT GENUG ZU SEIN.

toll, wenn sich die Eltern über etwas freuen, das es tut. Sorgen Sie aber dafür, dass Ihr persönlicher Enthusiasmus nicht überhandnimmt und das aufkeimende Talent des Kindes dadurch erstickt wird oder die spannende Aktivität an Reiz verliert. Tun Sie zu viel des Guten, kann das den ersten zaghaften Anfängen schnell den Garaus machen.

Bedauerlicherweise ist es so, dass viele Eltern den Wunsch hegen, ihr Kind möge der oder die Beste sein – beim Sport oder in der Beherrschung eines Instruments, häufig auf einem Gebiet, auf dem sie selbst nur mittelmäßig waren. Dabei möchten sie, dass ihr Kind die Aktivitäten länger betreibt, als es selbst Freude daran hat. Mit einem solchen Verhalten erreichen sie aber bloß das Gegenteil von dem, was sie eigentlich wollen – sie machen die Chancen ihres Kindes, in etwas gut zu werden, zunichte.

KINDERN IM KINDERGARTENALTER ETWAS BEIBRINGEN:

1. Kurze Einheiten und kurzweilige Spiele. Vor dem Schulalter bleibt erworbenes Wissen selten langfristig haften, aber das Vergnügen bleibt bestehen. In diesem Alter dürfen die Dinge nicht zu lange dauern.
2. Kinder lernen etwas, indem sie sich ausprobieren und Fehler machen dürfen. Neues eignen sie sich am besten zusammen mit einem vertrauten Erwachsenen an, bei dem sie sich sicher und gut aufgehoben fühlen. Die Beziehung zu Ihnen ist deshalb das Ausschlaggebende, nicht der Wissenserwerb. Ohne Beziehung kein Lernen.
3. Halten Sie, wenn möglich, nach guten Lehrern und Übungsleitern Ausschau. Das Kind hört auf andere mehr als auf Sie. Suchen Sie jemanden aus, der lieber genau hinsieht und die Kinder ermuntert, als sie auf Leistung zu trimmen und sie zurechtzuweisen. Eltern sind in der Regel schlechte Lehrer für ihr eigenes Kind, das gilt auch für Eltern, die selbst Pädagogen von Beruf sind. Lassen Sie jemand anderen die Grundlagenarbeit machen.
4. Wiederholungen sind ausschlaggebend. Dasselbe Stück, dieselbe Aufgabe, dieselbe Bewegung, dieselbe Drehung – immer und immer wieder. Werden Sie nicht ungeduldig, lassen Sie den Dingen Zeit. Abwechslung ist schön und gut, aber nur Übung macht den Meister.
5. Machen Sie es sich nett! Betten Sie die Aktivitäten in schöne Erlebnisse ein, damit das Kind sie mit einem Zusammengehörigkeitsgefühl und etwas Positivem assoziiert. Man übertreibt es leicht, ist zu eifrig und streng und erstickt so die Lernlust beim Kind. Dann

> sind Sie beide die Leidtragenden, die emotionale Bindung zwischen Ihnen wird beschädigt und die Motivation, etwas Neues anzupacken, versiegt beim Kind.
> 6. Machen Sie sich immer wieder klar, dass Ihnen genügend Zeit bleibt. Ein Fünfjähriger muss etwas noch nicht so gut wie ein Zwanzigjähriger beherrschen. Regelmäßige Trainingseinheiten helfen. Der beste Ansporn ist immer noch der Spaß an der Sache.
> 7. Verfolgen Sie die Interessen Ihres Kindes! Vielleicht beschäftigt es sich ja inzwischen mit etwas ganz anderem? Musikliebhaber haben nicht zwingend musikalische Kinder, und auch der glücklichste Tourenwanderer kann eine Couch-Potato zum Sohn haben.

Wie kann man gut in etwas werden?

Kinder haben ein enormes Entwicklungspotenzial. Aber kein Mensch ist dafür geschaffen, sich immer nur an andere anzupassen, auch Kinder nicht. Das macht nicht glücklich. Möchte man in seinem Leben glücklich sein, muss man selbständig werden dürfen, muss man Sätze äußern können wie «Das möchte ich» oder «Das möchte ich nicht».

Das Kind kann allerdings erst etwas lernen, wenn es bereit dafür ist. Bevor Ihr Kind beispielsweise nicht seinen Gleichgewichtssinn entwickelt hat, kann es keinen Ball kicken. Natürlich können Sie das üben, üben und nochmals üben, aber die Balance stellt sich erst im Alter von vier bis fünf Jahren ein. Um wirklich ein Spiel wie Fußball begreifen zu können, müssen Kinder zudem die Fähigkeit haben, sich selbst aus der Vogelperspektive zu sehen. Diese Eigenschaft entwickelt sich jedoch erst mit circa zehn Jahren. Sie können Kindern Vorträge über Abseitsregeln und Stellungsspiel halten, aber einem Sechsjährigen wird das noch nicht wirklich einleuchten, weil sein Gehirn noch nicht genügend ausgereift für diese Perspektive und diese Denkweise ist.

Mich macht es manchmal traurig, wenn ich an einem Sportplatz vorbeigehe und Erwachsene sehe, die versuchen, ihrem Kind Wissen einzubläuen, das es unmöglich schon aufnehmen kann. Diese übereifrigen Eltern stellen das größte Hindernis für das Kind dar, sein Talent zu entfalten.

Die meisten Menschen entwickeln durchschnittliche Fähigkeiten auf ihren jeweiligen Interessengebieten und leben recht gut damit.

Die Handvoll Menschen, die auf einem Gebiet herausragend sind, haben meist ein ganz besonders starkes Interesse, das sich darüber hinaus ausreichend entwickeln durfte. Es kann vererbt sein oder daran liegen, dass die Eltern das Kind motiviert und in seiner eigenen Interessenentscheidung unterstützt und gefördert haben – dann gelingt es einem, sich wirklich herausragende Fähigkeiten anzueignen.

Dabei ist in diesem Alter unbedingt dem Unstrukturierten vor der Struktur der Vorzug zu geben. Kinder müssen die Dinge auf ihre Weise machen. Sie müssen spielen können – und lachen.

Gleichzeitig ist es entscheidend, das Kind beim Üben zu unterstützen. Das braucht es umso mehr, je älter es wird. Kinder, die etwas erreichen wollen, brauchen Eltern, die ihnen die Möglichkeit dazu einräumen. Spielen Sie Ball mit Ihren Kindern oder lassen Sie sie ein Instrument austesten, was auch immer – Kinder lieben es, Dinge auszuprobieren, sie brauchen viel Stimulanz, aber das muss auf einem Niveau sein, das ihren Lernfähigkeiten entspricht und ihre Begeisterung weckt.

Das Spielen ist und bleibt neben viel Freiheit und der Freude an der Sache am wichtigsten. Deshalb sollten wir (selbst meist relativ durchschnittlich begabten) Eltern uns alle diese ungeschriebene Regel zu eigen machen: Wir sollten den Interessen und Lieblingsbeschäftigungen unserer Kinder besonderes Augenmerk schenken. Dann steht einem glücklichen und von Erfolg gekrönten Leben nichts mehr im Wege.

Und vielleicht ist und bleibt dies die einzige Wahrheit: dass man nicht als Fußballspieler, Violinist oder Mathematiker scheitern kann, solange man Spaß an der Sache hat.

EHRLICH MIT DEM KIND UMGEHEN

Als Mutter oder Vater wird man mit jeder Menge guter Rezepte überhäuft, wie man seiner Elternrolle am besten gerecht werden kann. Aber simple Lösungen sind im wahren Leben nie sonderlich hilfreich. Inmitten des alltäglichen Chaos und all der Anforderungen, die an Sie gestellt werden und die Sie im Umgang mit Ihrem Kind bewältigen müssen, können Sie nicht ständig Bücher lesen oder aus Vorträgen zitieren. Was Sie sagen, muss auch stimmig und wahrhaftig sein. Es muss zu Ihnen passen. Und so müssen Sie in sich hineinhorchen und selbst erspüren, wie es Ihrem Kind gerade geht und wie es sich fühlt.

Meine Ausführungen können Ihnen vielleicht andere Sichtweisen und Ansätze eröffnen, aber Sie selbst müssen daraus etwas machen, das zu Ihnen und Ihrem Leben passt und wahrhaftig ist. Befolgen Sie nur irgendeine Methode, drücken Sie sich einfach nur smart aus, ist das wertlos. Dann wird nur eine Art Möchtegern-Pädagoge aus Ihnen, und das sorgt nicht für den nötigen Halt beim Kind. Es wird Sie durchschauen – und Kinder mögen es gar nicht, angelogen zu werden.

Deshalb sollten Sie gegenüber einem Kind, das außer sich ist, auch nie nur irgendwelche wohlmeinenden Phrasen abspulen und sich als Lehrmeister aufspielen, der weiß, wie es sich gerade fühlt. Sie müssen für das Kind *da sein*. Sie müssen sich auf das Kind einstellen, müssen seinen Zorn dämpfen.

Versetzen Sie sich in es hinein und finden Sie den richtigen Schlüssel zu Ihrem Kind – nur darauf kommt es an. Der nächste Schritt folgt erst an zweiter Stelle.

MIT IHREM KIND LESEN

2–3 JAHRE

Lesen Sie nur kurze Abschnitte. Halten Sie dort inne, wo die Aufmerksamkeit des Kindes verweilt, und folgen Sie den Abschweifungen Ihres Kindes. Häufig sind Bücher nur der Anlass, um über etwas zu sprechen, was gar nicht darin steht. Vielleicht lesen Sie zusammen eine Seite und reden davon ausgehend über Erlebnisse aus dem Kindergarten, oder Sie sehen sich die Bücher schweigend an. Bilderbücher sind immer noch beliebter als anderer Lesestoff.

3–4 JAHRE

Lustige Bücher voller Humor stehen jetzt hoch im Kurs. Kinder lieben Überraschungsmomente – einen Maulwurf, dem man auf den Kopf gemacht hat, Tiere, die nach dem Umblättern plötzlich in Erscheinung treten, einen Ball, der an lustige Stellen hüpft, und dergleichen. Das sind für kleine Menschen riesige Überraschungen – und sie beflügeln die Phantasie. Lachen Sie gemeinsam mit dem Kind – so ein Erlebnis zu teilen ist für Dreijährige außerordentlich wichtig. Lachen Sie mit dem Kind über etwas, demonstrieren Sie ihm nicht nur, dass Sie bei ihm sind und es verstehen können – Sie teilen die Erfahrung wirklich mit ihm. Haben Dreijährige erst mal diese Lachader entdeckt, gibt es nichts Schöneres für sie.

4–5 JAHRE

Jetzt möchte das Kind vollständige Geschichten hören. Es genießt es, den Blickwinkel der Hauptfiguren des Buches einzunehmen und in ihre Welt einzutauchen. Kinder dieses Alters müssen auch die Reaktionsweisen anderer kennenlernen – müssen etwas von einer Figur lesen, die in eine spezielle Lage gerät und auf ihre Weise wieder herausfindet. An so etwas kann sich die Phantasie der Kinder entzünden, und das Kind wird großen Gefallen daran finden, auf diese Reise mitgenommen zu werden – ob sie nun in einem Heißluftballon, einem U-Boot oder einem Rennwagen erfolgt.

Mitzuerleben, wie andere mit den Herausforderungen des Lebens umgehen, bringt das Kind dazu, sich selbst mit dem Leben auseinanderzusetzen. Und es lernt, dass es hierfür verschiedene Möglichkeiten gibt – so kann es über den Tellerrand blicken, in eine Welt, der keine Grenzen gesetzt sind.

5–6 JAHRE

In diesem Alter werden die Kinder von einer anderen Art von Büchern in den Bann gezogen: Allmählich befassen sie sich mit weitreichenden Fragen des Lebens. Fünfjährige lesen gern Bücher über Freundschaft, weite Reisen, über ein Sich-auf-die-Suche-Machen und geheimnisvolle oder wundersame Dinge. Das Eintauchen in phantastische Welten steht für Sechsjährige nicht mehr so stark im Vordergrund, es wird von handfesteren und wirklicheren Begegnungen mit dem Leben abgelöst.

Bücher, die beschreiben, wie etwas funktioniert, Bücher über Maschinen oder das Universum, aber auch über Dinosaurier erfreuen sich großer Beliebtheit.

WICHTIGE THEMEN

Ich zitiere für gewöhnlich nicht die Bibel, aber ein Satz aus dem Markusevangelium ist mir besonders im Gedächtnis geblieben: «Wahrlich, ich sage euch: Wer das Reich Gottes nicht empfängt wie ein Kind, der wird nicht hineinkommen.» Ich habe dabei immer gedacht, dass dieses Kind ein Fünfjähriger sein müsse. Und falls so etwas wie ein Himmel existiert, sind wir ihm nie näher als mit fünf Jahren. Dann sind die Farben für uns am schillerndsten, die Insekten so schön wie nie und die Geräusche am spannendsten. Dann blickt man zum Himmel hinauf und fragt sich, wie weit es bis zu den Sternen ist und wie es kommt, dass Raumschiffe wieder zur Erde zurückkehren. Es ist das Alter, in dem man im Gras liegt, eine Ameise auf der Fingerspitze sitzt und man sich aus tiefster Seele fragt: «Woher komme ich?» und «Wohin gehe ich?»

Wir alle tun gut daran, uns auf den Fünfjährigen in uns zurückzubesinnen.

Dieser kleine Bibelvers erinnert mich auch daran, dass wir Erwachsenen nicht vergessen sollten, uns gelegentlich auf Augenhöhe mit dem Kind zu begeben und seine Sichtweise einzunehmen. Dort befinden sich herrliche Dinge, wie die pure Neugier und ein unendlicher Optimismus. Dort befindet sich ehrliches Erstaunen. Dort ist die Magie unseres Daseins so offensichtlich, als hätte jemand einen großen Bühnenvorhang zur Seite gezogen.

Dort befindet sich alles, was Sie mittlerweile verloren haben.

Zu den schönsten Dingen des Elternseins gehört es, die Welt wieder mit den Augen der Kinder zu sehen.

Und vielleicht ist dies die wahre Antwort auf den Sinn des Lebens – vielleicht geht es einfach nur darum, es zusammen zu verbringen. Vielleicht geht es nur darum, einander an der Hand zu halten und wirklich all das, was uns täglich umgibt, richtig wahrzunehmen? Mit dem offenen Blick eines Fünfjährigen.

In diesem Teil des Buches möchte ich mich einigen gängigen Themen für diese Altersstufe widmen. Ich will von den Erfahrungen schreiben, die ich in meinem gesamten Berufsleben damit gemacht habe, über Aspekte wie Soziale Medien, Ernährung und Schlaf, über die Zeit im Kindergarten und was Sie tun, wenn die Familie auseinanderbricht oder wenn Geschwisterstreitigkeiten überhandnehmen.

Ich möchte Sie sozusagen durch die wichtigsten Themen lotsen, mit denen Sie im Laufe des Kindergartenalters konfrontiert sein werden, und Sie so ein wenig auf diesem Weg begleiten.

DER KINDER-GARTEN

Sie betreten den Kindergarten, den Kleinen an der Hand, vielleicht tragen Sie ihn auch, weil er noch nicht gelernt hat zu laufen. Sie haben ihm schöne Kleidung angezogen und auf die Uhr gesehen, damit Sie nicht zu spät kommen. Jetzt sind Sie gespannt darauf, was es wohl für ein Gefühl sein wird, allein von dort wegzugehen, sind gespannt, wie es dem Kind dort ergehen und ob es sich wohlfühlen wird. Und dann folgen all die anderen Tage, an denen Tränen getrocknet werden müssen, Nasen geschnäuzt, Tage voller Umarmungen, mit Kleidungs- und Windelwechseln, mit Abholen und Bringen, und so vergehen die Wochen, die Monate, die Jahre. Bis Sie eines Tages ein letztes Mal die Tür hinter sich schließen und dem Kindergarten wieder den Rücken zukehren.

Vielleicht fragen Sie sich selbst, wo nur die Zeit geblieben ist. Vielleicht wissen Sie noch genau, wie der erste Tag dort war,

> Die Erwachsenen, die sich um Ihr Kind kümmern, werden zu den wichtigsten Menschen auch Ihres Lebens gehören. Das ist auch für Ihr Kind von großem Wert. So sieht es, dass Ihnen etwas an seinem Wohlergehen und daran liegt, mit wem es in all den Stunden, in denen Sie getrennt voneinander sind, Zeit verbringt.

schauen zu Ihrem Kind hinunter und denken, dass es diesen Ort jetzt als ein ganz anderer Mensch verlässt. Und vielleicht wird Ihnen klar, wie viel Raum die Tage im Kindergarten eingenommen haben, die Erzieher und Erzieherinnen, die zu einem Teil Ihres Lebens wurden, erinnern sich an die Brotdosen, die Sie gepackt haben, an Elternabende und Kindergartenausflüge.

Die Kindergartenjahre sind für das Kind ganz wesentlich. In diesen Jahren lernt es, dass es einen Platz hat – einen Platz in der großen Gemeinschaft der Menschen, einen Platz in unserem gemeinsam geführten Leben.

Wie sollte die Kita sein?

Dass die Einrichtung dem Kind Sicherheit und Geborgenheit gibt, sollte das wichtigste Entscheidungskriterium bei der Wahl des Kindergartens sein. Ihr Kind soll die Erfahrung machen, dass es schön ist, in der Kita oder bei der Tagesmutter zu sein, dass es auf die Erzieher vertrauen kann, dass es dort so behandelt wird, wie alle Kinder es von Seiten der Erwachsenen verdienen.

Ein guter Kindergarten zeichnet sich dadurch aus, dass die Angestellten sich darum bemühen, zu jedem einzelnen Kind eine Bindung aufzubauen, und wissen, wie sie sich mit Kindern anfreunden und ihr Vertrauen gewinnen können. Dass sie sich bei den Kindern aufhalten und wissen, wie sehr es darauf ankommt, Kinder nicht sich selbst zu überlassen.

Aber worauf sollten Sie ein besonderes Augenmerk legen, wenn Sie eine Kita anschauen?

Ich habe schon viele Kindertagesstätten besucht, und dabei ist mir immer wieder dasselbe Bild begegnet: Erzieherinnen, die Zeit mit den Kindern verbringen, die mit ihnen spielen und sich zu ihnen hinab auf den Boden begeben. Erzieher, die Trost spenden und den Kindern dabei helfen, Konflikte zu lösen. Darüber hinaus spielen auch selbstverständlichere Aspekte eine Rolle – wie ansprechend und ordentlich die Einrichtung wirkt und ob es eine gute Auswahl an Spielmöglichkeiten gibt. In guten Kindergärten ist der Geräuschpegel auch geringer – dort wissen die Kinder, an wen sie sich wenden können, wenn sie traurig sind. Dort fühlen sich die Kinder geborgen und weinen deshalb weniger.

Viele Eltern fragen sich, wie es ihrem Kind in der Kita wohl wirklich ergehen mag. Einige wenige banale Anhaltspunkte geben Ihnen darüber Aufschluss: Isst Ihr Kind dort ausreichend, spielt es, schläft es im Kindergarten und spricht es dort, geht es ihm gut. Will man herausfinden, ob ein Kind in einer Einrichtung unglücklich ist, sollte man aufmerksam nach Veränderungen beim Kind suchen. Häufig stellt sich dergleichen beim Spielen heraus – das Kind verhält sich womöglich aggressiver und gerät leichter in Wut. Vielleicht schläft es schlecht, vielleicht hat es keinen Appetit, vielleicht streitet es häufiger. Es kann unzählige Ursachen geben, weshalb Sie als Eltern ein klein wenig Detektiv spielen müssen. Manchmal hat das auch gar nichts mit dem Kindergarten zu tun – vielleicht belastet das Kind ja auch eine angespannte Atmosphäre bei Ihnen zu Hause, vielleicht bekommt es eine Mittelohrentzündung?

Falls Ihr Kind auf dem Weg zum Kindergarten ständig ruft: «Ich will aber nicht in den Kindergarten!», besagt das nicht unbedingt, dass es dort Probleme gibt. Es kann auch nur etwas damit zu tun haben, dass das Kind so gerne mit Ihnen zu Hause ist, dass der Übergang ein bisschen zu abrupt kommt. Über ein Kind, das nicht in der Kita abgeliefert werden möchte, sich aber wohlfühlt, wenn es dort ist, muss man sich keine Sorgen machen.

Dies hilft Ihrem Kind, sich in der Kita wohlzufühlen:

1. Für stressfreie Übergänge sorgen.
Die Probleme entstehen meistens in Übergangssituationen. Versuchen Sie deshalb das Bringen und Abholen aus der Kita so gut es geht auf das Tempo des Kindes abzustimmen. Braucht Ihr Kind morgens mehr Zeit, können Sie vielleicht eine halbe Stunde früher aufstehen.

2. Das Nötige besorgen, Wünsche erfüllen.
Was muss mit in die Brotdose, wenn Ausflugstag ist, welche Kleidung braucht das Kind? Das sind für uns vielleicht weniger wichtige Aspekte, aber das Kind ist den halben Tag über im Kindergarten. Es muss das Gefühl haben, dazuzupassen und das zu haben, was es dort braucht.

3. Interesse am Kindergartenalltag zeigen.
Befassen Sie sich damit, was Ihr Kind im Laufe des Tages gemacht hat, und sprechen Sie darüber. «Wie war der Ausflug?», «Womit hast du gespielt?», «Hast du wirklich Spinnen gesehen?» Das Kind braucht die Gewissheit, dass es Sie interessiert, wie sein Tag verlaufen ist.

4. Die Erzieher wertschätzen.
Die Erzieher im Kindergarten sind für Ihr Kind außerordentlich wichtig. Die meisten von ihnen sind auch ganz besondere Menschen, die gerne mit dem Kind Zeit auf dem Fußboden verbringen und die Neugier der Kinder teilen. Merkt Ihr Kind, dass Sie die Angestellten der Einrichtung mögen und ihnen Vertrauen entgegenbringen, schafft das eine Verbindung zwischen der Kita und Ihrem Zuhause.

Das vorsichtige Kind

Selbst die geselligsten Eltern können Kinder haben, die am liebsten für sich sind. Wir wünschen unseren Kindern nur das Beste – im Kindergartenalter gehört dazu, dass die Kleinen Freunde haben, dass sie sich in der Gesellschaft von anderen wohlfühlen. Doch wenn das nicht der Fall ist – wie stark sollten Sie Ihr Kind drängen?

Manche Kinder lieben Gesellschaft und wollen gar nicht von der Kita nach Hause, sie laufen zur Sandkiste, wo alle anderen sind. Andere wiederum spielen lieber allein vor sich hin, finden Besuch anstrengend und fühlen sich unwohl auf Feiern oder bei anderweitigen Vergnügungen.

Jon, der Sohn eines Bekannten, verabscheut zum Beispiel Geburtstagsfeiern. Er möchte nicht dort hingehen, und wenn er doch mitgenommen wird, spielt er mit keinem von den übrigen Kindern. Mein Bekannter erzählte mir, dass ihm deshalb ganz mulmig sei – was sagt das über den Vater aus, wenn der Sohn nicht in der Lage ist, an einer gewöhnlichen Geburtstagsfeier teilzunehmen?

Sind sie dagegen bei sich zu Hause, ist es eine wahre Freude, mit Jon zusammen zu sein. Er liest mit seinen Eltern Bücher, baut mit Bauklötzen und spielt mit seinem Bauernhof, fühlt sich rundum wohl beim Spiel mit seiner kleinen Schwester und seinen Eltern. Zu Hause ist alles einfach, woanders alles schwierig.

Welcher Typ Mensch wir sind, kann bei Kindern großen

Ausschlag geben. Manche Kinder sind einfach vorsichtiger und zurückhaltender, sensibler, was ihre Umgebung betrifft. Das muss ihnen in ihrem späteren Leben gar keine Probleme bereiten. Sensibler zu sein besagt nicht, dass etwas mit dem Kind nicht stimmt. Im Gegenteil – die Welt braucht auch solche Menschen, Kinder wie Erwachsene.

Jons Eltern waren erleichtert, als ich ihnen mitteilte, dass mit dem Jungen alles in Ordnung war und er sich einfach in kleineren Gruppen wohlfühlte. In der Kita kam man schließlich den Kindern entgegen, die es gern etwas ruhiger hatten, und gab ihnen so die Gelegenheit, miteinander zu spielen. Einige Erzieher kümmerten sich auch verstärkt um Jon, sodass er vertrauter mit ihnen wurde und sich in der Kita geborgener fühlte. Und nach einiger Zeit hatte er einen Freund gefunden, mit dem er gern zusammen war.

Für Kinder ist es geradezu lebensbedrohlich, immer die Botschaft zu erhalten, dass mit ihnen etwas nicht stimmt. Bekommt ein sensibles Kind negative Rückmeldungen, können diese es hemmen und es ihm schwermachen, seine eigene Stimme zu finden, seinen Platz in der Gemeinschaft. Haben Sie ein zurückhaltendes Kind, sollten Sie es gut kennen. Was mag es gern, in welchen Situationen blüht es auf? Kinder sollen sich nicht absondern und nur mit sich allein spielen, sie müssen den Umgang mit anderen Menschen üben, jedoch ohne sich dabei unter Druck gesetzt zu fühlen. Es geht darum, alles weniger überfordernd für sie zu gestalten und dennoch mehr Kontakt zu anderen herzustellen, als das Kind von sich aus suchen würde. Ganz entscheidend dabei ist immer, dass sich das Kind sicher fühlt.

Aus Sicherheit erwächst Freundschaft – Sie können ein Kind niemals dazu drängen, Freundschaften zu schließen.

Neben sicheren Rahmenbedingungen und Ermunterung brauchen Kinder dieses Typs manchmal auch Hilfe bei der Überwindung von Hemmschwellen. Traut sich ein zaghafter Fünfjähriger nicht, eine Rutsche hinunterzurutschen, sollten Sie nicht sagen, dass das doch jede Menge Spaß bringt und er es versuchen *muss*. Sagen Sie stattdessen lieber, dass er es doch mal versuchen könnte und sich dadurch selbst einen Eindruck davon verschaffen kann, wie das ist. Dann weiß das Kind, dass es noch einen Ausweg gibt. Vorsichtige Kinder haben Angst davor, in Situationen hineingedrängt zu werden, in denen es keine Ausweichmöglichkeiten gibt. Senken Sie Ihre Erwartungen, ermuntern Sie das Kind aber weiterhin und schaffen Sie einen sicheren Rahmen, machen Sie es ihm einfacher, die Situation zu meistern. Rutschen Sie einmal zusammen, fragen Sie das Kind, ob es ein Bauchkribbeln dabei verspürt hat, seien Sie ihm dabei behilflich, eine körperliche Betätigung zu finden, die ihm entgegenkommt. Sagen Sie: «Wer weiß, vielleicht bringt es dir ja Spaß? Du kannst es ja mal ausprobieren.»

Überwindet ein vorsichtiger Fünfjähriger erst einmal seine

Ängste und entdeckt, wie viel Spaß etwas machen kann, ist er vor Begeisterung kaum noch zu bremsen.

Die vorsichtigen, zurückhaltenden Kinder kommen später im Leben in der Regel gut zurecht – kein unnötiges Risiko einzugehen, ist schließlich auch eine positive Eigenschaft. Aber man sollte das Kind nicht aus den Augen verlieren. Es braucht die Möglichkeit, sich langsam daran zu gewöhnen, wie man Risiken einschätzt, wie man mit mehr Körpereinsatz spielt, wie man den Mut für etwas aufbringt. Sie sollten das Kind zu nichts zwingen, sondern spielerisch an die Sache herangehen, in gemächlichem Tempo und gemeinsam.

Sollten die Eltern eines Freundes anrufen und sagen, dass das Kind gerne abgeholt werden und doch nicht dort übernachten möchte, sollten Sie Ihr Kind abholen. Ein Kind, das Angst hat, sollte nach Hause kommen dürfen – nicht in einer Situation ausharren müssen, aus der es keinen Ausweg sieht. So etwas kann noch jahrelang negative Auswirkungen haben.

Entdecken vorsichtige Kinder irgendwann etwas, das sie mit viel Leidenschaft verfolgen, sind sie mit ganzem Herzen bei der Sache.

Freunde – das Wichtigste, was es gibt?

Freundschaft bedeutet, sich mit anderen messen zu können. Sich mit jemandem zu vergleichen, der nicht erwachsen ist. Freundschaft beinhaltet, über Dinge miteinander zu verhandeln, zu teilen, das schöne Gefühl zu haben, eine eingeschworene Gemeinschaft zu sein – ohne Erwachsene, die sich einmischen. Freundschaft bedeutet Ebenbürtigkeit, die Kinder sind in etwa gleich stark. Erst im Alter von drei bis vier Jahren ziehen Kinder bestimmte Spielkameraden anderen vor. Kinder entscheiden sich häufig für Freunde, mit denen sie etwas gemeinsam haben, die ihnen ähnlich sind, die dasselbe mögen. Das heißt auch, dass viele Kinder dieses Alters noch keine speziellen Freunde haben – sie spielen mit den Kindern in ihrer Nähe oder tun das, wozu sie gerade Lust haben. Andere Kinder wiederum spielen lieber allein und wollen gar nicht unbedingt jemanden aus der Kita bei sich zu Hause zu Besuch haben.

Ich habe schon viele Eltern kennengelernt, die sich Sorgen darüber machten, dass ihr fünfjähriges Kind keinen engen Freund hatte. Aus unserem Leben wissen wir, wie wichtig Freundschaften sind, und man fürchtet leicht, das Kind könnte einsam sein. Man sieht das Bild eines Jungen oder Mädchens vor sich, die abseits auf dem Schulhof stehen, während die anderen zusammen spielen. Aber da befinden wir uns noch gar nicht. Sie müssen sich oder Ihr Kind gar nicht unter Druck setzen, wenn es geselliger oder weniger gesellig ist als Sie – das wird sich in den kommenden Jahren noch sehr ändern. Jetzt, im Kindergartenalter, sollten Sie ihm nur die Möglichkeit geben, mit anderen zu spielen und Neugier auf andere zu entwickeln. Sollten wissen, womit sich das Kind gern beschäftigt, und sich damit begnügen.

Gleichzeitig sollten Sie Verbindung zu Ihren eigenen Freunden halten. So lernt Ihr Kind, dass Freundschaften etwas Begrüßenswertes sind, einen froh machen, einem gute Laune bringen und die Nähe zu anderen Menschen etwas Positives ist.

Auch wenn Freundschaften in diesem Alter ein schöner Anblick sein können, sollte man sich klar darüber sein, dass es sich noch um «Funktionsfreundschaften» handelt. Erst mit etwa zehn Jahren besitzt das Kind eine soziale Reife, mit der es echte Freundschaften zu schätzen und zu bewahren weiß.

Bis zu dem Tag sind andere enge menschliche Beziehungen wichtig, vor allem zu Mitgliedern der engsten Familie – zu Ihnen.

Mobbing

Wir Menschen haben eine Heidenangst davor, nicht dazuzugehören – Erwachsene wie Kinder. Ausgeschlossen zu sein, lächerlich gemacht und schlecht behandelt zu werden, macht uns geradezu existenzielle Angst.

Werden wir Eltern, erstreckt sich diese Angst auch auf unsere Kinder. Wenn die anderen ihn nun nicht mögen? Wenn sie keine Freundinnen hat? Einsamkeit am eigenen Leib zu erfahren, kann weh tun, leiden die eigenen Kinder jedoch darunter, ist es kaum auszuhalten.

Führen Sie schon von klein auf Gespräche mit Ihren Kindern. Fragen Sie sie nach spezifischen, nicht nach generellen Dingen. Verfolgen Sie, was das Kind im Kindergarten tut, und thematisieren Sie das. Es ist eine wichtige Übung für das spätere Leben. Gemeinsame Gespräche festigen die emotionale Bindung.

Manche Kinder sind schneller als andere gefährdet, gemobbt zu werden. Ich spreche da aus eigener Erfahrung, weil ich selbst als Kind geschielt habe und Opfer von Ausgrenzung wurde. Es wird immer jemanden geben, der die Schwächen anderer ausnutzt.

Trotzdem sollte man vor allem eines nicht vergessen, was Kinder im Kindergartenalter betrifft – dass sie noch unreif sind. Aus dem Blickwinkel eines Erwachsenen kann es negativ wirken, wie Kinder miteinander umgehen, auch wenn es gar nicht böse gemeint ist. Unsere Kinder brauchen vielmehr unsere Hilfe, um das soziale Miteinander zu lernen, bis sie von zu Hause ausziehen. Wenn sie noch im Kindergartenalter sind, geht es vor allem darum, dass sie keine negativen Verhaltensmuster entwickeln, weniger darum, ihnen den Stempel «mobbendes Kind» und «Mobbingopfer» zu verpassen. Sonst verdammen wir sie dazu, in der Situation gefangen zu sein, statt ihnen zu helfen, sich daraus zu befreien.

Wenden Sie sich an die Angestellten des Kindergartens oder andere Eltern, wobei Sie das Problem offen und mit einer fragenden Haltung ansprechen, gehen Sie nicht um des Kindes willen gleich zum Angriff über. «So sieht die Situation gerade aus, aber wir können ja sicherlich etwas dagegen tun», ist eine weitaus bessere Strategie, um Zugang zum Kind zu bekommen, als eine Aussage wie «Mein Kind wird gemobbt!». Es ist Ihnen hoch anzurechnen, dass Sie Ihr Kind beschützen wollen – schwingen Sie sich jedoch immer zum Verteidiger Ihres Kindes auf, setzen Sie Ihre Kraft falsch ein.

Kinder im Alter von zwei bis drei Jahren können Dinge noch nicht aus einem anderen Blickwinkel sehen, das lernen sie erst in den folgenden Jahren. Manche werden das früher, andere später lernen, und einige werden mehr Hilfestellung dabei benötigen, andere Kinder nicht Schlimmem auszusetzen. Gibt es Mobbing zwischen kleinen Kindern, sollte das uns Erwachsenen sagen, dass hier Orientierungshilfe nötig ist: Kinder, die besonders davon betroffen sind, brauchen besonders viel Aufmerksamkeit. Es ist die Aufgabe der Erwachsenen, die Kinder im Alltag so anzuleiten, dass Raum für Kinder verschiedener Wesensart ist – sowohl für die kleinen Draufgänger als auch für die Ängstlichen, für die Flinken und die Langsamen.

Geht das Mobbing dagegen von Erwachsenen aus, sind Kinder dem vollkommen ausgeliefert. Weist ein Erwachsener das Kind ständig zurecht, schimpft er, gibt er anderen Kindern immer den Vorzug oder stellt ein Kind auf negative Art bloß, kann das der Seele des Kindes unwiederbringlichen Schaden zufügen. Das Kind hat dann keine Chance und braucht Ihre Hilfe, um wieder ins Gleichgewicht zu finden.

Wie sollten Sie als Eltern mit Mobbing umgehen? Was können Sie tun, wenn Sie sehen, dass ein Kind zum Außenseiter wird, wie können Sie Ihr eigenes Kind beschützen? Diese drei Aspekte sollten Sie berücksichtigen:

1. Ihre emotionale Bindung zum Kind schützt es am meisten vor Mobbing. Mobbing beugt man am besten von unten nach oben vor. Kinder, die eine enge Bindung zu ihren nächsten Bezugspersonen haben, sind widerstandsfähiger dagegen. Als Eltern kommt es vor allem darauf an, dass Sie eine enge Beziehung zum Kind pflegen, die ihm Geborgenheit gibt. Sie sollten nicht um des Kindes willen Krieg gegen die Schule oder die Kita führen. Bauen Sie eine enge Bindung zu Ihrem Kind auf und bewahren Sie diese, beschützen Sie es dadurch.

2. Ihre Vorbildfunktion. Ihr Kind wird Sie sich immer zum Vorbild nehmen, und es nimmt mehr wahr, als Sie vielleicht glauben. Wie Sie über andere reden, wie Sie mit anderen Menschen umgehen, wie Sie sich bei Problemen verhalten – das alles saugt Ihr Kind in sich auf. Man kann einem Kind gegenüber leicht behaupten, es solle nicht hinter dem Rücken schlecht über andere reden, wenn man selbst dies tut. Als Eltern sollten Sie sich immer wieder aus der Distanz betrachten und sich bewusst machen, dass Sie die Standards setzen.

3. Erkennen, was vor sich geht. Auch wenn es in diesem Alter nicht einfach ist, können wir Kindern helfen, Gefühle, Handlungen und Gedanken miteinander in Beziehung zu setzen, indem wir beispielsweise sagen: «O, jetzt hat Eva niemanden zum Spielen. Lass uns zu ihr gehen, dann haben wir alle mehr Spaß!» So etwas muss auf einer sehr niedrigen Ebene passieren – sonst kann das Kind es nicht begreifen.
Machen Sie dergleichen aber zu einer moralischen Fragestellung und sagen: «Es ist ungerecht, dass Eva niemanden zum Spielen hat, keiner soll sich als Außenseiter fühlen. Ihr müsst auch mit ihr spielen!», ist das Kind chancenlos. Kinder wie Erwachsene verfallen in eine Verteidigungshaltung, wenn sie angegriffen werden. Das ändert also gar nichts. Erwartet man von Kindern dieses Alters ein entwickeltes Moralempfinden,

erwartet man zu viel. Kindergartenkinder können noch nicht über die Folgen des Außenseiterdaseins oder die Gefahren, die von Mobbing ausgehen, reflektieren. Helfen Sie Ihrem Kind lieber – auf eine einfache, ruhige Weise –, zu erkennen, was vor sich geht, und die Situation zu lösen.

IHREN STRESSLEVEL SENKEN

Sind die Kinder zwischen zwei und sechs Jahre alt, reißt die Arbeit nicht ab. Die Kinder müssen rechtzeitig aus der Kita abgeholt werden, Einkäufe müssen erledigt, Kleidung gekauft, die Kinder zu Trainingsstunden gefahren werden, man muss seinen beruflichen Pflichten nachkommen. Als Eltern fühlt man sich nur zu leicht wie ein Versager, wenn die wenige Zeit, die einem gemeinsam mit dem Kind zwischen Kindergartenende und Zubettgehen bleibt, von dringenden Erledigungen aufgefressen wird.

Sind wir aber über lange Zeit großem Stress ausgesetzt, hat das Auswirkungen auf unsere Denkfähigkeit. Unser Körper lässt nichts mehr an sich heran und arbeitet nur noch auf Sparflamme. Das Stressgefühl zu bekämpfen, ist deshalb wichtiger, als all die Dinge zu erledigen, die erledigt werden müssen. Wie man am besten Stress verringert, ist von Mensch zu Mensch verschieden, aber eines sollte sich jeder klarmachen: Es ist nicht so schlimm, auch mal etwas liegen zu lassen. Was Sie heute nicht schaffen, lässt sich sicher auch morgen noch erledigen. Sie sind trotzdem keine schlechten Eltern, auch wenn Sie sich vielleicht manchmal so vorkommen. Vergessen Sie nie: Für Ihr Kind sind Eltern, die ihm Beachtung und Aufmerksamkeit schenken, viel wichtiger als ein perfekt organisiertes Elternhaus.

EIN PAAR SCHNELLE TIPPS:

1. Sie können nicht alles schaffen. Setzen Sie Prioritäten. Stimmen Sie sich darüber mit allen Familienmitgliedern ab, unterstützen Sie sich gegenseitig und finden Sie ein Aktivitätsniveau, das den Bedürfnissen aller in der Familie gerecht wird.
2. Sorgen Sie dafür, genügend Zeit zu Hause zu verbringen, und lassen Sie die Wohnung nicht nur zu einer stressigen Zwischenstation werden, die aus abzuarbeitenden Pflichten besteht. Miteinander Zeit zu verbringen heißt nicht, jeden Tag irgendwo hingehen zu müssen. Gestalten Sie eine Übersicht über Ihre Unternehmungen und Vorhaben, die machbar erscheint.
3. Gehen Sie rechtzeitig zu Bett. Nicht nur Kinder brauchen ausreichend Schlaf, um wieder herunterzufahren. Unser Gehirn benötigt Schlaf, um arbeiten zu können. Räumen Sie dem Schlafen eine wichtige Priorität ein.
4. Lachen Sie regelmäßig. Durch Lachen baut man am schnellsten Spannungen ab.
5. Halten Sie sich an Routinen. Bleiben Sie jeden Tag bei denselben Abläufen, die sich als praktisch erwiesen haben. Feste morgendliche und abendliche Rituale senken darüber hinaus den Stress und lassen die Kinder ruhiger werden.

GESCHWISTER-
STREITIGKEITEN

Meine ehemaligen Nachbarn hatten einen Bilderrahmen mit einer Schwarz-Weiß-Aufnahme ihrer Kinder auf der Flurkommode stehen. Auf dem Foto posieren die gleichaltrigen Brüder zufrieden grinsend vor einer Hecke und halten sich an den Händen. Diese Aufnahme strahlt etwas aus, das wir mit den Vorstellungen von einer perfekten Kindheit assoziieren – glückliche Kinder, die sich gern haben und sich des Lebens freuen; Kinder, die miteinander harmonieren. Die Fotografie ließ Erinnerungen an einen vergangenen Sommertag aufkommen, den man am liebsten noch einmal erleben würde. «Dieses Bild hat etwas Magisches», sagte der Vater immer, wenn ein Besucher davor stehen blieb und es sich ansah. «Das war der einzige Moment in ihrer Kindheit, wo sich die beiden mal nicht gestritten haben. Es hat gerade mal zehn Minuten angehalten.»

Eltern wünschen sich, dass die Zeit mit ihren Kindern konfliktfrei ist. Wir haben eine feste Vorstellung davon, wie eine glückliche Familie auszusehen hat, und die wird von einem entspannten, harmonischen Miteinander aller Familienmitglieder gespeist. Gibt es aber Geschwisterkinder in einer Familie, wird es zu Streitigkeiten kommen. Und ist der Altersunterschied der Kinder größer als drei Jahre, werden die Streitigkeiten noch heftiger als sonst ausfallen. Eltern fühlen sich schnell hilflos, wenn die Kinder sich nur noch zoffen, aber Kinder brauchen diese Konflikte.

Das Sich-aneinander-Reiben gehört zu den wichtigsten Erfahrungen der Kindheit, dergleichen formt die Kinder. Sie müssen sich mit ihren Geschwistern zanken – und auch mit Ihnen. Sie müssen eine ganz konträre Meinung entwickeln und lernen, was es heißt, auf einen Konsens hinzuarbeiten. Kinder müssen das Verhandeln üben, müssen üben, ihren eigenen Platz zu finden und Raum einzunehmen. Sie müssen ihren eigenen Willen kennen und ihn äußern, müssen sich sprachlich ausdrücken können, um ihrem Umfeld mitzuteilen, wer sie sind. Konflikte sind also, kurz gesagt, absolut unverzichtbar.

Durch sie lernen Kinder, wer sie sind beziehungsweise was für ein Mensch einmal aus ihnen werden wird.

Der wichtige Streit

Mia war völlig erschöpft, als sie mich anrief. Sie hatte zwei Jungs im Alter von fünf und sieben Jahren. Liebe Jungs, lustige Jungs, aufmerksame Jungs – wenn sie allein für sich waren. Im Beisein des jeweils anderen aber verhielten sie sich beinahe giftig, und die ganze familiäre Atmosphäre war von ihren Streitigkeiten geprägt. Beide Eltern waren in ständiger Habtachtstellung, immer bereit, einzugreifen. «Und das Schlimmste dabei ist, dass ich die Kinder doch ganz bewusst so dicht hintereinander bekommen habe, weil ich dachte, dass sie sich dann immer gegenseitig hätten», erzählte Mia. «Ich habe mich bemüht, ihnen beizubringen, für den anderen da zu sein, sich gegenseitig zu helfen, ein Team zu sein. Und das ist jetzt das Ergebnis! Was habe ich bloß falsch gemacht?» Mia selbst war ein Einzelkind gewesen, und sie hatte sich gewünscht, dass ihre Kinder nie die Einsamkeit erfahren müssten, die sie selbst als Kind erlebt hatte. Alle anderen hatten jemanden zum Spielen gehabt, während sie allein gewesen war mit ihren Eltern, die sich am liebsten hinter der Zeitung verschanzt hatten. Deshalb war es ihr besonders wichtig gewesen, zwei Kinder zu bekommen. Jetzt aber hatte sie das Gefühl, gescheitert zu sein.

Wie häufig sich Kinder streiten, hängt von ihrer Persönlichkeit ab. Es hängt davon ab, wie viel sich die Erwachsenen streiten und wie viel es im Streit zu erörtern gibt. Kinder streiten in der Regel wegen zwei Dingen: darum, wem was gehört und wer dem anderen

> Miteinander zu leben bedeutet, über den Raum zu verhandeln, den jeder einnimmt, und ihn unter sich aufzuteilen, Grenzen zu setzen und sich darüber klar zu werden, wer den Ton angibt. Kinder müssen lernen, sich zu streiten und Kompromisse einzugehen. Helfen Sie ihnen bei der Konfliktbewältigung und lassen Sie sie möglichst viel von Ihren Erfahrungen profitieren.

körperlich oder geistig überlegen ist. Beide Felder sind wichtig; Kinder müssen sich auf ihnen erproben dürfen und ermitteln, wer die Oberhand hat. Greifen die Erwachsenen ein und lösen die Probleme für sie, dauert es meistens noch länger, bis der Konflikt überwunden ist, so meine Erfahrung.

Viele Eltern, die mich wegen der Streitigkeiten ihrer Kinder aufsuchen, sind selbst zutiefst konfliktscheu. Sie haben jedes Aufflammen einer Auseinandersetzung zwischen den Kindern erstickt, sind ständig bemüht, Harmonie in der Familie herzustellen. Dadurch wurden die Fragen, die sich alle Geschwister stellen, nur leider nie gelöst: «Wo ist mein Platz in der Familie, welche Stärken und Schwächen habe ich? Wo verläuft meine Grenze?» Und so gehen die Probleme weiter: Der große Bruder schlägt die kleine Schwester, sie tritt nach ihm und schmollt, und die beiden kommen ständig zu den Eltern, damit diese für sie die Probleme lösen. So werden Kinder aber nie über die Reife eines Fünfjährigen hinauswachsen, selbst wenn aus ihnen eines Tages Schulkinder und Teenager werden. Diese Zwiste sind ausschlaggebend für die Entwicklung der eigenen Selbständigkeit: Geschwister müssen selbst einen Ausweg aus ihren Schwierigkeiten finden. Das gibt ihnen Sicherheit im Umgang miteinander, das stellt die Dinge klar.

Gelegentlich entstehen Konflikte auch aus ungelösten familiären Problemen, wenn das Gleichgewicht innerhalb der Familie aus den Fugen geraten ist – zum Beispiel aufgrund einer Krankheit, weil ein Kind dem anderen vorgezogen wird oder weil vorübergehend alles in Bewegung oder im Umbruch ist, sodass niemandes Bedürfnisse richtig befriedigt werden. In manchen Familien verlieren sich die Erwachsenen zu sehr in ihrer eigenen Welt, und Kinder, die sich allein gelassen fühlen, suchen Streit.

Hat sich ein familiäres Ungleichgewicht eingestellt, ist es sinnvoll, sich innerhalb der Familie anders aufzustellen oder aufzuteilen. Vielleicht brauchen die Kinder mehr Exklusivzeit mit jenem Elternteil, mit dem sie sonst kaum Zeit verbringen – das gibt dem Kind das Gefühl, von Bedeutung für Sie zu sein, und dann muss es nicht auf andere Art auf sich aufmerksam machen. Sind die Kinder der Familie im Alter zwischen zwei und sechs Jahren, verbringt der Vater häufig Zeit mit dem ältesten Spross, die Mutter mit dem kleinen Baby. Für viele funktioniert diese Arbeitsteilung hervorragend, trotzdem kann es nichts schaden, das auch mal zu ändern. Wenn der Vater den Kinderwagen schiebt und die Mutter beim Ältesten bleibt, wird der Neuzugang nicht als solch eine Bedrohung für das ältere Geschwisterkind empfunden. Die richtige familiäre Balance zu finden ist eine Aufgabe, die nie aufhören wird. Man wird leicht mal etwas faul, pflegt den Kontakt zu dem Kind, zu dem man selbst den besten Draht hat, das einem am ähnlichsten ist und das man am ehesten versteht. Kinder müssen sich aber bei beiden Eltern wohlfühlen, müssen bei beiden etwas finden, das ihnen Geborgenheit gibt.

Leben in einer Familie kleine Kinder unter drei Jahren, muss man immer darauf achtgeben, dass das älteste Kind nicht das jüngere verletzen kann. Eifersucht unter Geschwistern kann dazu führen, dass der älteste Bruder von seinen Gefühlen geblendet wird und er nur schwer seine eigene Kraft und die Folgen seines Schlagens einschätzen kann. Kann das kleinere Kind noch nicht ausreichend Widerstand bieten, kann es zu gefährlichen Situationen kommen.

Sind die Geschwister dagegen älter als drei, tun die meisten Eltern gut daran, sich dem Streit etwas zu entziehen. Behalten Sie im Auge, was vor sich geht, und schauen Sie darauf, dass nicht immer einer dominiert, sondern dass es ein reeller Streit ist, der auf Gegenseitigkeit beruht. Der Zwist an sich ist nicht problematisch.

Tun Sie sich schwer damit, widmen Sie sich lieber etwas anderem und halten Sie sich nur für den Fall bereit, dass jemand Trost bei Ihnen sucht.

Streit bedeutet Nähe

Viele Eltern reagieren überrascht, wenn ich sage, dass Geschwisterkinder Streitigkeiten unter sich ausmachen sollten. Aber Streit ist – sonderbarerweise – eine Voraussetzung für Nähe zwischen den Geschwistern. Tritt man miteinander in Konflikt, lernt man sein Gegenüber gleichzeitig kennen. Liebe erwächst aus Kontakt, und der Kontakt beinhaltet die Möglichkeit des Konfliktes. Geschwister, die sich als Kinder streiten, kommen als Erwachsene viel eher miteinander aus. Sie kennen einander besser. Wenn sie untereinander keine Lösung für wichtige Konfliktpunkte finden, wird es ihnen nicht gelingen, eine aufrichtige Nähe zueinander zu entwickeln. Deshalb müssen sie die Möglichkeit haben, herauszufinden, wer der Stärkere von ihnen ist, wer am besten malen kann, wer der beste Fußballspieler ist oder wer heute beim Essen den lila Teller haben darf.

Die Eltern müssen die Streitigkeiten ertragen – dabei jedoch dafür sorgen, dass es im Familienalltag auch schöne Momente gibt.

Wahre Geschwisterliebe ergibt sich aus dem gemeinsamen Spielen. Daraus erwächst Verständnis für den anderen und Nähe.

Kommt es zu Auseinandersetzungen, müssen Sie den Kindern klarmachen, dass das keine Katastrophe ist und man sich wieder vertragen kann. Das gilt übrigens nicht nur für den Streit unter Kindern, sondern auch für den unter Erwachsenen. Ihr Kind nimmt sich Sie zum Vorbild. Wann immer Kinder sehen, dass Sie selbst einen Konflikt beigelegt haben, oder mitbekommen, dass Sie und Ihr Partner dies getan haben, haben sie etwas über Konfliktlösung gelernt.

Und das ist ein Geschenk fürs Leben.

Machtverhältnisse

Ein Kindergartenkind hat keine Übung im Streiten. Deshalb beißt oder schlägt es häufig, wenn es das Gefühl hat, anders nichts zu erreichen. Ein Elternpaar suchte kürzlich bei mir Rat, weil der kleine dreijährige Sohn biss und schlug, wenn die zwei Jahre ältere Schwester zu Hause alles bestimmen wollte. Es schien den Eltern, als hätten die Streitigkeiten nie ein Ende. Ich fragte sie, was sie täten, wenn sie an diesen Punkt kämen, und die Eltern erläuterten, dass sie sich einmischen und dem kleinen Jungen erklären würden, dass man nicht schlagen dürfe. Auch wenn das nach einem richtigen Weg klingen mag, haben sie dadurch doch Partei für den stärkeren Part in der Familie ergriffen. Eine Fünfjährige kann ihren dreijährigen Bruder ohne weiteres in Grund und Boden reden und ist ihm argumentativ überlegen. Da ist es eigentlich nicht weiter verwunderlich, dass er sich letztlich überrannt fühlte und die Fäuste sprechen ließ.

Der kleine Bruder brauchte Hilfe, um sich auszudrücken, musste aber auch lernen, dass die große Schwester stärker war als er. Lösen die Eltern das Problem, indem sie nur das letzte Glied der Kette angehen, werden die Geschwister nie ein gesundes Machtverhältnis zwischen sich errichten. Der kleine Bruder findet es unfair, dass die große Schwester immer Unterstützung bekommt – und wird so garantiert wieder beißen und schlagen. Ich habe den Eltern geraten, nicht so deutlich Partei zu ergreifen, sondern lieber das bedürftige Kind zu trösten, zu beruhigen und herauszufinden, was vorgefallen ist, wenn die Kinder sich an sie wenden und um Hilfe bitten. «Aber wir können doch nicht zulassen, dass ein Schläger aus ihm wird?», sagte die Mutter daraufhin verblüfft. Ich erwiderte, dass schlagende Kinder nicht gelernt haben, einen Konflikt zu lösen. Und dass die Eltern dem Dreijährigen dabei helfen müssten, sich sprachlich zu verbessern, ihm Verständnis signalisieren und sensibel dafür sein müssten, wie er die jeweilige Situation erlebt. «Das funktioniert garantiert besser, als ihm das Schlagen zu verbieten», sagte ich. Einen Monat später schrieb mir die Mutter eine Mail, dass das funktioniert habe und wie erstaunt sie darüber sei. Sie hätten zudem mit ihrem Sohn ein Buch zum Thema gelesen, was geholfen habe. Jetzt spielten die Geschwister gerade miteinander und der Bruder agierte als

EIN PAAR VERHALTENSREGELN BEI GESCHWISTERSTREITIGKEITEN:

- Ziehen Sie sich zurück, wenn die Kinder größer sind und sich selbst verteidigen können. Gehen Sie nicht beim ersten Anzeichen einer Meinungsverschiedenheit als Streitschlichter dazwischen.
- Zeigen Sie Ihren Kindern, wie man Schwierigkeiten lösen kann, lösen Sie sie aber nicht für sie. Sagen Sie: «Was ist hier los? Ihr möchtet beide den Tennisball haben? Gut. Wie könnt ihr das Problem lösen?», anstatt dass Sie darüber bestimmen.
- Braucht ein Kind nach einem Streit Trost, trösten Sie es. Machen Sie ihm keine Vorwürfe und sagen Sie nicht, es sei selbst schuld, weil es sich mit seinem Bruder oder seiner Schwester gestritten habe.
- Ergreifen Sie nicht Partei – der Kleinste hat nicht automatisch recht und der Ältere kann nicht ständig die Verantwortung übernehmen. Vieles hat sich vor einer Auseinandersetzung ereignet, was Sie nicht mitbekommen haben.
- Benimmt sich ein Kind richtiggehend unfair gegenüber dem anderen, müssen Sie sich einmischen und das sagen. Geschwister sollten sich nicht gegenseitig verletzende Dinge an den Kopf werfen. Denn auch Geschwister können einander weh tun.
- Schauen Sie sich an, wie Sie als Erwachsene Konflikte lösen und auf welche Weise Sie selbst mit den Kindern Gespräche führen. Was lernen sie aus Ihrem Beispiel?
- Sorgen Sie für genügend Freiraum, damit die Kinder schöne Erlebnisse miteinander teilen können. Was können Sie gemeinsam tun, wo ergänzen Sie sich?

> - **Mindern Sie Eifersucht, indem Sie mit jedem Kind ab und zu mal etwas Exklusivzeit verbringen. Kinder brauchen das Gefühl, etwas Besonderes zu sein. Sind sie sich dessen gewiss, streiten sie sich auch weniger.**

Mitspieler, wenn die Schwester Anweisungen gab und Regeln festlegte, konnte aber auch eigene Vorstellungen einbringen, weshalb er als Spielkamerad für seine Schwester akzeptabler war. Nachdem sie das Machtverhältnis unter sich geklärt hatten, nahmen die Konflikte ab.

Harmonie um jeden Preis

Manche Eltern berichten mir, dass es bei ihnen in der Familie nie Streitigkeiten gebe. Das äußern sie häufig mit einem Anflug von Stolz, während ich das eher besorgniserregend finde. Eine Kindheit ohne Konflikte ist nichts Erstrebenswertes.

Natürlich gibt es Kinder, die von Geburt an konfliktscheu und zaghaft sind. Sie brauchen Hilfe dabei, in Worte zu fassen, was sie möchten, müssen lernen, Raum einzunehmen. Irgendwann einmal in ferner Zukunft werden sie eine Paarbeziehung eingehen, und spätestens dann sollte man nicht nur das tun, was der Partner möchte, sondern eigene Vorstellungen durchsetzen können. Werden zu Hause Konflikte immer vermieden, lernt man nichts über das wahre Leben. Meistens ist es auch eher so, dass es durchaus Konflikte gibt, aber immer dieselbe Person das Wort führt und die Entscheidungen trifft – weil der andere es nicht kann oder nicht wagt.

Betrachten Sie Auseinandersetzungen also lieber als eine Art und Weise, auf die das Kind seine Selbständigkeit erproben kann. Zu lernen, was man selbst möchte, was man selbst fühlt, wer man ist, und seinen Platz einzunehmen, ist ganz wichtig – auch wenn es mit Anstrengungen verbunden ist, das zu lernen.

Er beißt und schlägt immer noch!

Die meisten Kinder finden mit der Zeit andere Ausdrucksformen, um ihren Willen durchzusetzen, als zu schlagen und zu beißen. Mit dem fortschreitenden Spracherwerb können sie ihre Meinung kundtun und merken, dass sie Gehör finden. Doch es gibt immer wieder Kinder, die nicht zu dieser fortgeschrittenen Form der Kommunikation finden – sie werden weiterhin zu gewaltsamen Lösungen neigen, wenn sie von Wut übermannt werden. Das kann die Eltern solcher Kinder manchmal schier verzweifeln lassen: «Was für ein Kind haben wir da bloß?» Hinzu kommt, dass andere Eltern selten positiv darauf reagieren, wenn ihr Nachwuchs auf dem Spielplatz oder im Kindergarten gekratzt oder gebissen wird. Es gibt wohl kaum etwas, das einem so schnell den Stempel «schlechte Eltern» verpasst. Dabei gibt es absolut keinen Grund für solche Verurteilungen. Beißt oder schlägt ein Kind, sagt das nichts darüber aus, ob es «gute» oder «schlechte» Eltern hat – es besagt nur, dass das jeweilige Kind noch keine bessere Form gefunden hat, mit den Anforderungen und Konflikten umzugehen, mit denen es konfrontiert wird.

Wenn auch Ihr Kind seinen Zorn immer noch auf diese Art auslebt, sollten Sie herausfinden, was genau da vor sich geht. Woher rührt die Wut des Kindes, welche Situationen sind die Auslöser dafür, was gelingt ihm vielleicht in diesem Augenblick nicht? Unterstützen Sie Ihr Kind in solchen Fällen rascher, nehmen Sie es aus der Situation heraus, wenn Sie sehen, dass sich etwas anbahnt, und helfen Sie ihm, sich zu beruhigen. Parallel dazu sollten Sie weiter daran arbeiten, dass das Kind sich sprachlich besser ausdrücken kann. Lesen Sie gemeinsam Bücher, unterhalten Sie sich mit Ihrem Kind, tun Sie Dinge zusammen. Kinder lernen durch das Zusammensein mit Erwachsenen und durch Ihr Vorbild und werden das beobachtete Verhalten auch im Umgang mit anderen Kindern anwenden. Natürlich neigt man schnell dazu, ein Kind auszuschimpfen, wenn es sich schlecht benimmt, aber diese Kinder brauchen gerade jetzt etwas ganz anderes – Ihre Liebe und Zuwendung.

Jedes Kind kann in einen Teufelskreis geraten, in dem es seine Wut an anderen auslässt – etwas, das zu noch mehr Wut und Frustration führt. Als einer meiner Söhne knapp drei Jahre alt war, nahm mich ein Erzieher in der Kita beiseite und erzählte mir, er würde jüngere Kinder beißen. Dergleichen hatte er noch nie zuvor getan, ich kannte ihn immer nur als einen sanften, lieben Jungen, und es war nicht sonderlich beruhigend zu hören, dass die Angestellten der Einrichtung ihn auf sein Verhalten ansprechen mussten.

Was ging da vor sich? Was hatte ich übersehen? Was wollte er damit sagen? Als ich die Sache mit Abstand betrachtete, fiel mir auf, dass in seinem Leben gerade vieles im Umbruch war – ich selbst war in meinem hektischen Alltag verhaftet, war wieder schwanger und musste viel arbeiten. Mehrere vertraute Erzieher aus der Kita hatten gekündigt, und mein Sohn, der sonst nie Probleme gemacht hatte, hatte noch keine neue Vertrauensperson im Kindergarten. Darüber hinaus würde bald ein neuer Mensch zu unserer Familie gehören, etwas, das jedem ein bisschen Angst machen kann. Da ich vor der Geburt noch alles Mögliche zu regeln hatte, hatte ich nicht mehr so viel Zeit wie zuvor mit meinem Sohn verbringen können. Plötzlich fiel mir wie Schuppen von den Augen, dass er auf allen Gebieten ins Abseits geraten war.

Ich wandte mich erneut an das Kitapersonal, erklärte, dass er eine neue Kontaktperson bräuchte und mehr Struktur und Sicherheit. Zu Hause konnte ich ihm endlich auch wieder mehr Zeit widmen. Die Beiß-Phase ging rasch vorüber, und mein Sohn war wieder fröhlich und zufrieden und ging gerne in den Kindergarten. Außerdem schlief er nachts besser.

In meinem Fall lag klar auf der Hand, was schiefgelaufen war. Aber manchmal ist es nicht so einfach, darauf zu kommen, was hinter einem solch aggressiven Verhalten von Kindern steckt. Den Erwachsenen kommt die Aufgabe zu, das zu ermitteln – und dem Kind zu helfen, seine Probleme zu überwinden.

Sollte es nicht um Ihr Kind persönlich gehen, sondern sollten Sie so etwas bei anderen Kindern miterleben, verurteilen Sie das Kind und seine Eltern nicht gleich. Versuchen Sie, etwas mehr Verständnis zu zeigen. Das kann mehr bewirken, als Sie vielleicht ahnen.

Wenn ein Geschwisterkind unterwegs ist

Eines Tages ist es so weit und ein kleines Geschwisterkind ist unterwegs. Neun Monate sind eine lange Zeit; für kleine Kinder ist sie unendlich lang. Deshalb unterliegen Eltern leicht der Versuchung, ihrem Nachwuchs erst relativ spät davon zu erzählen. Dieses große Ereignis in Ihrem Leben aber ist *für alle Familienmitglieder* ein wichtiges Erlebnis – das macht es aus, eine Familie zu sein. Deshalb ist es wichtig, dass das Kind in der Familie nicht außen vor bleibt. Sollten Sie also damit beginnen, anderen von Ihrer Schwangerschaft zu erzählen, sollte Ihr Kind unter den Ersten sein, die davon erfahren.

Ein Kindergartenkind kann vielleicht noch nicht so viel damit anfangen, dass ein neuer Mensch kommen soll, den es jedoch noch nicht sehen und anfassen kann. Das wird tatsächlich einfacher, wenn der Bauch der Mama langsam wächst, die Schwangerschaft also ersichtlich wird und «gefühlt» werden kann. Bis es so weit ist, kann man mit dem Kind aber schon einmal Bücher zu dem Thema anschauen.

Ausdauernde Gespräche über das neue Baby sollten Sie allerdings noch nicht von Ihrem Kind erwarten. Alles, was nicht im Hier und Jetzt vor sich geht, ist für Kinder dieses Alters nur kurzfristig von Interesse. Ein paarmal in der Woche ein Gespräch von 40 Sekunden ist das, was ihre Neugier und ihr Verständnishorizont in etwa zulassen.

Sosehr man sich auf das kommende Kind freut, so hat seine Ankunft doch auch immer Auswirkungen auf das familiäre Gleichgewicht. Ein weiteres Kind bedeutet auch doppelt so viel Arbeit, ein weiteres Kind bedeutet im Prinzip eine ganz neue Familie.

Welche Art von Familie Sie sein werden, hängt von Ihrem Wesen und dem des kleinen Familienzuwachses ab. Für manche Familien ist es wie ein Schock und es kostet viel Mühe, wieder eine neue Balance herzustellen, für andere ist es vom ersten Tag an ein reiner Segen. Ist die kleine Schwester oder der kleine Bruder erst einmal auf der Welt, braucht das ältere Geschwisterkind weiterhin seine gewohnten Abläufe und Routinen in seinem Leben, braucht nach wie vor Aufmerksamkeit und Exklusivzeit mit einem der Erwachsenen. Ein Neugeborenes ist noch kein guter Gesellschafter, erwarten Sie im ersten Lebensjahr des Neuankömmlings also seitens des älteren Kindes nicht zu viel Freude und Dankbarkeit über dessen Anwesenheit. Schließlich aber, mit zunehmender Körperbeherrschung und voranschreitendem Spracherwerb, wird der Neuzugang zu Hause zum begehrten Spielkameraden werden. Und dann entsteht Geschwisterliebe.

Aber auch die ersten Streitigkeiten werden bald auftreten – wodurch das Verhältnis noch enger wird.

EINE KLEINE EWIGKEIT

Kleine Kinder kennen noch kein Zeitgefühl. Sie können noch nicht wie wir Erwachsenen die Zeit strukturieren. Mit einem Ausdruck wie «nächste Woche» können sie noch nichts anfangen, ein Morgen gibt es noch nicht, und deshalb bringt es auch nichts, dem Kind Dinge zu sagen wie: «Den Joghurt kannst du haben, wenn du bis morgen wartest.» Kinder leben in der unmittelbaren Gegenwart. Ihr Zeitverständnis entwickelt sich erst dann, wenn die Gehirnareale, die für vorausschauendes Handeln zuständig sind, sich ausreichend entwickelt haben. Ausdrücke wie «in zwei Monaten» oder «letzte Woche» sind erst dann nicht mehr völlig abstrakt, wenn die Kinder sieben oder acht Jahre alt sind.

Aus diesem Grund ist es vielleicht auch nicht überraschend, dass kleine Kinder verzweifeln, wenn ihnen jemand ein Spielzeug wegnimmt. Denn noch sagt ihr Verstand ihnen nicht, dass sie dieses Spielzeug jemals zurückbekommen werden. Kleine Kinder glauben manchmal, ihre Eltern wären tot, wenn sie für längere Zeit nicht zu Hause sind und nicht von ihnen gesprochen wird. Das, was nicht unmittelbar vor ihnen liegt, hat keinerlei Relevanz für sie.

Die meisten Kinder entwickeln durch Wiederholungen

und Routinen ein Zeitverständnis. Sätze wie «Morgen, wenn du wieder wach wirst und es draußen hell ist, ist Mama wieder da» können sie leichter verstehen als solche wie «Mama kommt morgen wieder». Die kindliche Zeitvorstellung muss zu etwas für sie schon Bekanntem in Bezug gesetzt werden. «Wir fahren, wenn es kalt ist und es schneit» ist für sie verständlicher als eine Aussage wie «in ein paar Monaten».

Eltern überschätzen ihr Kind leicht und trauen ihm verstandesmäßig mehr zu, als es kann. Wir sollten uns immer wieder vor Augen führen, dass wir uns auf das Kind und seine Lebenswirklichkeit einstellen müssen – und uns nicht auf eine Uhr oder einen Kalender beziehen, auf die es sich noch nicht versteht.

DIE WINDELENTWÖHNUNG

Braucht Ihr Kind keine Windeln mehr, fühlt es sich unschlagbar, und jeder seiner Schritte strotzt nur so vor Selbstsicherheit, Stolz und Freude.

Bis es so weit ist, müssen Sie gemeinsam daran arbeiten, dass Ihr Kind trocken wird, und es ist nicht verkehrt, sich als Eltern Gedanken darüber zu machen, wie Sie das unterstützen können. Ich finde ja, dass es die Kinder damit früher leichter hatten. Die heutigen, extrem feuchtigkeitsabsorbierenden Super-Windeln sind viel bequemer als frühere Exemplare – trotzdem wird Ihr Kind irgendwann Signale aussenden, dass es keine Windeln mehr tragen möchte. Vielleicht beschwert es sich darüber, in die Windel gemacht zu haben, vielleicht zeigt es ein gesteigertes Interesse am Toilettenbesuch der älteren Kinder. Wann sich dieser Zeitpunkt ankündigt, ist höchst unterschiedlich.

Ohne Windeln herumzulaufen ist weniger eine Altersfrage als eine Frage der Reife – und diesbezüglich sind Kinder nun mal verschieden. Bei Mädchen wird das häufig schon im Alter von zwei Jahren ein Thema, bei Jungs vielleicht ein halbes Jahr später, und für das Aufhören brauchen sie dann häufig noch ein halbes Jahr mehr. Doch viele Eltern erleben auch, dass es noch ein weiteres Jahr dauert – vor allem nachts brauchen viele Kinder dann noch eine Windel. Was nochmals zeigt, dass die jeweilige Entwicklungsstufe maßgeblich ist und nicht das Alter des Kindes.

Generell empfiehlt es sich, die Windelentwöhnung ins Sommerhalbjahr zu legen, denn passiert dem Kind mal ein «Unglück», ist es höchst unpraktisch, wenn man erst noch Schneeoveralls und lange Unterhosen ausziehen muss.

Sie als Eltern sollten die Zeichen erkennen, mit denen Ihr Kind signalisiert, dass es keine Windeln mehr braucht – manchen Kindern fällt es leichter, ihre Ausscheidungen zu kontrollieren, anderen schwerer. Wann es letztlich dazu kommt, hat aber keine Auswirkungen auf ihr späteres Leben. Stellen Sie in der Wohnung gut sichtbar Töpfchen auf, bringen Sie das Gespräch auf Aa und Pipi, fragen Sie die Kinder regelmäßig, ob sie nicht mal auf das Töpfchen oder die Toilette gehen wollen, aber setzen Sie sie nicht unter Druck. Sitzt Ihr Kind auf dem Töpfchen, ist das schon ein guter Anfang. Vielleicht können Sie ihm ja währenddessen ein Buch vorlesen? Klatschen Sie vor Begeisterung in die Hände, wenn das Kind etwas hineinmacht, und wenn noch nichts kommen will, bemerken Sie nur: «Na, dann wird es bestimmt beim nächsten Mal was!» Sorgen Sie auch dafür, immer Wechselkleidung parat zu haben. Gehen Sie selbst positiv an das Thema heran, wird der Prozess der Windelentwöhnung weitaus kürzer sein als im umgekehrten Fall. Reagieren Sie jedoch wütend oder ungeduldig, können Sie gut und gerne einen Monat zusätzlich für das Trockenwerden veranschlagen. Ich spreche hier aus eigener

Erfahrung – ich erinnere mich noch gut daran, dass mein jüngster Sohn unbedingt die Windeln weglassen und dafür lieber die tollen neuen Unterhosen tragen wollte. Obwohl es dafür eigentlich noch zu früh war, habe ich nachgegeben. Als wir in Zeitnot das Treppenhaus heruntereilten, blieb er plötzlich stehen und sein Pipi rann durch die Hose und die Treppen hinunter. Ich reagierte wütend – etwas, das ich heute noch bereue, obwohl inzwischen über zehn Jahre vergangen sind. Es war keine meiner Sternstunden …

Trocken zu werden ist ein Prozess – und Sie sollten ihn aktiv begleiten. Beginnen Sie zu früh mit der Entwöhnung, kann sich dieser Zeitraum lange hinziehen. Das Kind empfindet die Sache womöglich als peinlich, und dann wird es den Moment der Entwöhnung herauszögern wollen. Achten Sie stattdessen lieber darauf, wann Ihr Kind wirklich dafür bereit ist, und seien Sie ihm ein geduldiger und gelassener Sparringpartner. Eines Tages wird es voller Stolz ohne Windeln durch die Gegend schreiten.

NÜTZLICHE TIPPS

1. Halten Sie gut sichtbar ein Töpfchen bereit.
2. Sprechen Sie mit dem Kind darüber und lesen Sie gemeinsam Bücher dazu.
3. Erkennen Sie Anzeichen dafür, dass Ihr Kind einmal «muss», schlagen Sie ihm vor, auf die Toilette zu gehen.
4. Kinder lieben es, mitzubekommen, wie Sie selbst auf die Toilette gehen. (Sie müssen dann damit leben, dass Ihr Kind begeistert ins Wohnzimmer rennt und

allen erzählt: «Papa macht Kacka!»)

5. Vermeiden Sie es, mit dem Kind zu schimpfen, und sorgen Sie dafür, dass es keine peinlichen Momente gibt. Gehen Sie spielerisch an die Sache heran, loben Sie «Erfolge».

6. Fördern Sie die Motivation der Kinder, indem Sie ihnen nach dem Trockenwerden etwas Schönes in Aussicht stellen – besorgen Sie eine tolle neue Boxershorts oder Ähnliches und sagen Sie dem Kind, dass es diese tragen darf, wenn es keine Windeln mehr braucht.

ERNÄHRUNG

Auch ich hatte – wie so viele andere Eltern – einen Dreijährigen, der zufrieden herausposaunte, er würde nie mehr Gemüse essen. «Gemüse ist blöd!», rief er und spuckte den von uns in sein Wurstbrot geschummelten Salat wieder aus. Die Essensgewohnheiten der Kinder sind Phasen unterworfen. Man sollte sich deshalb nicht daran stören, wenn das Kind mal keinen Brokkoli oder keine Mohrrüben mag. Solange Sie als Erwachsene weiterhin Gemüse essen, wird das Kind früher oder später neugierig darauf werden und es einmal probieren wollen. Sie müssen diese Phase einfach aussitzen. Sie können gern versuchen, das Kind zum Essen von Gemüse zu überreden, sollten es aber nicht zwingen, dieses zu essen – das macht die Sache nur schlimmer. Spätestens, wenn der Nachwuchs zwanzig ist, wird er das essen, was er über Sie in seiner Kindheit kennengelernt hat. Bis dahin müssen Sie Ihr Kind dazu animieren, Gemüse einfach mal zu kosten, oder Sie geben geraspeltes Gemüse in die Nudelsauce, wie ich es gemacht habe.

Ernährung, Gewicht sowie die Einstellung des Kindes zum Essen gehören in den Verantwortungsbereich der Erwachsenen. Jede Familie wird ihre eigene Esskultur haben, aber Sie als Eltern sollten dafür sorgen, dass Ihr Kind die richtige Kost zu sich nimmt, genügend isst und das zur rechten Zeit.

Ihre Essgewohnheiten

In diesem Alter werden die Grundlagen für die lebenslange Einstellung Ihres Kindes zum Essen gelegt. Auf Eltern, die selbst eine angespannte Beziehung zum Thema «Ernährung» haben, kommt jetzt eine anstrengende Zeit zu. Schlechte Gewohnheiten wie diverse Diäten, Schlemmereien, ungesunde Ernährung, übertriebene Fixiertheit auf das Essen sollte man nicht ans Kind weitergeben.

Entwickeln Sie ein Bewusstsein für Ihre ungesunden Essgewohnheiten oder Essensmuster, ähnlich wie ich es schon in Kapitel 3 hinsichtlich eingefahrener Verhaltensmuster erwähnt habe. Auch Sie profitieren davon, wenn Sie Ihre schlechten Gewohnheiten und verinnerlichten Muster um des Kindes willen über Bord werfen und ein positives Verhältnis zu gesundem Essen entwickeln.

Das wählerische Kind

Ist das Kind zwei Jahre alt, hat es eine Phase raschen Wachstums hinter sich, die jetzt allmählich abklingt. Das bedeutet auch, dass es jetzt womöglich weniger isst als vorher und zudem anfängt, beim Essen wählerisch zu werden. In diesem Alter entwickeln sich auch die Geschmacksknospen beim Kind – das Essen schmeckt nun intensiver, und manches empfindet das Kind gar als abstoßend. Dadurch ist das eine oder andere Gericht jetzt nicht mehr so beliebt.

Kinder zum Essen zu drängen, bringt allerdings gar nichts. Das wäre zu grob und übergriffig, und es würde dem Kind auch nicht vermitteln, dass die Nahrungsaufnahme etwas zur Lebensfreude beitragen kann. «Alles, was auf dem Teller liegt, muss probiert werden, so lautet bei uns die Regel», sagen manche Eltern. Das mag in vereinzelten Familien funktionieren, setzt Kinder aber auch schnell unter Druck. Dadurch entwickelt das Kind höchstens ein Unbehagen dem Erwachsenen gegenüber, der auf die Art seine Überlegenheit ausspielt, und es wird nur mit Abscheu Gemüse oder Fisch zu sich nehmen. Alle Kinder werden Phasen haben, in denen sie pingeliger sind als gewöhnlich, und bei einigen Kindern wird das stärker ausgeprägt sein als bei anderen. Sie sollten sicherstellen, dass Ihr Kind die Möglichkeit bekommt, etwas zu essen – Sie sollten ihm etwas hinstellen, ihm verschiedene Gerichte anbieten und ausprobieren, was beim Kind auf Gegenliebe stößt.

> Es braucht Zeit, sich an neue Geschmäcker zu gewöhnen. Machen Sie das Kind mit verschiedenen Gerichten bekannt, lassen Sie es probieren, aber üben Sie beim Essen nie Zwang auf das Kind aus. Das trübt nicht nur Ihr Vertrauensverhältnis, sondern auch die Freude am Essen.

Das Verhältnis zum Essen ist auch stark abhängig von der jeweiligen Verfassung des Kindes und nicht zuletzt von seinem Wachstum. Essen Sie selbst möglichst abwechslungsreich, damit Ihr Kind sich das zum Vorbild nimmt. Vermeiden Sie es, vor den Mahlzeiten Süßigkeiten zu essen, und kochen Sie Gerichte, die Ihr Kind gerne mag, zumindest einige Male pro Woche. Ist Ihr Kind schon sehr hungrig, bevor das Essen auf dem Tisch steht, kann es sein, dass es das Essen verschmäht, wenn es schließlich serviert wird. Zu hungrig zu sein ist vergleichbar mit Übermüdung – man schafft es nicht mehr, das zu tun, wonach man so dringend verlangt.

Regelmäßige Mahlzeiten und eine angenehme Tischatmosphäre sind das A und O für die Entwicklung gesunder Essgewohnheiten. Gemeinsam am Tisch zu sitzen, eint uns als Familie, hier sind wir alle zusammen. Vielleicht trifft es uns deshalb so hart, wenn ein

Kind nicht essen mag? Sie sollten Ihr Kind dazu bewegen, Essen mit etwas Schönem zu assoziieren, und dabei bedenken, dass Verzweiflung kein guter Ratgeber ist.

Verzweiflung hat noch nie geholfen, nur Geduld zahlt sich aus.

Kinder, die nicht Maß halten können

Die meisten Kinder essen, wenn sie hungrig sind, und hören damit auf, wenn sie satt sind. Manche Kinder möchten aber immer noch eine Extraportion haben – vor allem von Kuchen, Eiscreme oder Süßigkeiten. Manche essen nichts anderes als das. Trifft das auch auf Ihr Kind zu, sollten Sie auf angemessene Weise durchsetzen, dass es immer nur eine passende Portion und keinen Nachschlag erhält.

Sie sollten zu Hause auch weniger Desserts, weniger Süßigkeiten auf Vorrat haben, denn nur so isst Ihr Kind auch wirklich weniger davon. Nur Sie können dafür sorgen. Aber seien Sie nicht zu streng, das wird früher oder später dazu führen, dass sich die Sache ins Gegenteil verkehrt. Dann entwickeln Ihre Kinder eine Gier auf Dinge, die sie zu Hause nie bekommen, sobald ihnen diese woanders angeboten werden.

Selbst wenn es verlockend ist, dem Kind gegenüber einfach zu behaupten, man habe nichts Süßes im Haus, gehört zum Umgang mit Ernährung auch der richtige Umgang mit Süßem. Kinder sollten lernen, dass Süßigkeiten im richtigen Maß etwas Schönes sind, ihnen sollte nicht mit dem «gefährlichen Zucker» Angst gemacht werden.

Essen als Protest

Nur auf wenigen Gebieten können Kinder ihren Protest so gut ausdrücken wie durch das Essen. Weigert sich Ihr Kind zu essen, gibt es meistens einen guten Grund dafür – der wenig mit dem Essen an sich zu tun hat. Sie als Eltern sollten dann zum Ursachenforscher werden. Fühlt Ihr Kind sich im familiären Gefüge wohl, so wie es gerade aussieht? Auch wenn ich schon häufiger darauf hingewiesen habe, die Lösung lautet immer wieder, *hinzuschauen*, wie es dem Kind geht. Verweigern Kinder sich, müssen Sie mit ihnen in einen Dialog treten. Sie zu bestrafen oder ihnen mit Konsequenzen zu drohen, ist eine falsche Strategie.

BENIMM DICH NICHT WIE EIN BABY!

Kleine Kinder können wegen allem Möglichen verzweifeln. Sie heulen, weil die Puzzleteilchen nicht an der Stelle passen, wo sie sollen, sie heulen, weil der Ketchup vor dem Senf aufs Essen kommt oder weil die Hände beim Waschen nass werden. Sie können Einschlafschwierigkeiten haben und weinen, weil sie auf dem Spielplatz eine leere Flasche vergessen haben. Als Eltern reagiert man dann leicht gereizt angesichts dieser Irrationalität und denkt schnell, dass die Kleinen aufhören sollten, sich wie Babys zu benehmen – aber kleine Kinder sind nun mal wirklich noch klein, und das sollten Sie sich regelmäßig in Erinnerung rufen.

Sagen Sie: «Du bist doch schon ein großes Mädchen, du musst jetzt mal aufhören mit der Heulerei. Benimm dich nicht wie ein Baby!», so erreichen Sie damit nicht das von Ihnen Erhoffte. Das Einzige, was Sie Ihrem Kind damit sagen, ist, dass es falsch ist, zu weinen, und dass es dumm und kindisch ist. Ihr Kind lernt daraus nur, dass Sie kein Verständnis für es haben und Ihnen nichts an ihm liegt – Sie überlassen das Kind so gewissermaßen sich selbst und isolieren es.

Keiner von uns würde wohl seinen Nächsten Vertrauen

schenken, wenn diese einem das Gefühl gäben, man sei dumm – das gilt für Kinder genauso wie für Erwachsene.

Ich weiß, wie kräftezehrend es sein kann, wenn Kinder wegen augenscheinlicher «Bagatellen» außer sich geraten und in Tränen ausbrechen, aber für die Kleinen nehmen die Dinge oft viel größere Dimensionen an als für uns.

Weint das Kind scheinbar «grundlos» wegen etwas, dann hat es – aus seiner Sicht – meistens durchaus einen guten Grund dafür. Das Kind ist in diesem Moment ganz außer sich, und da hilft es ihm auch nicht, wenn Sie ihm sagen, dass sein Gefühl unangebracht ist. Natürlich wird das Leben das Kind noch vor weitaus größere Herausforderungen stellen, aber davon weiß es noch nichts. Deshalb braucht es Ihre Hilfe, um den Umgang mit schwierigen Gefühlen zu lernen. Das Kind übt das in dieser Altersstufe – in all den Episoden, die aus Ihrer Sicht weit davon entfernt sind, Katastrophen zu sein. Das Kind ist darauf angewiesen, dass Sie es unterstützen und ihm bei der Bewältigung seiner Emotionen behilflich sind. Sie müssen ihm zeigen, dass nicht alles so schwierig und gefährlich ist, wie es scheinen mag, und dass es immer einen Ausweg gibt. Wie Sie das tun, ist altersabhängig, aber das Kind für sein «Fehlverhalten» zu kritisieren oder es kindisch zu nennen, bewirkt gar nichts.

Falls Sie zu denen gehören, die mit einem Stoßseufzer erklären: «Wann wird er, wann wird sie es endlich lernen?», dann lautet die Antwort darauf, frühestens in der Pubertät. Bis dahin können selbst unbedeutende Ereignisse vom Kind als katastrophal empfunden werden.

Sagen Sie jedoch: «Ach je! Bist du traurig, weil wir die Flasche auf dem Spielplatz vergessen haben? Das verstehe ich. Aber weißt du was? Eine leere Flasche kann problemlos nachts mal draußen liegen bleiben. Morgen ist sie ganz sicher noch da. Wollen wir dann gemeinsam nach ihr suchen?»

Auf diese Weise helfen Sie dem Kind – Sie haben erkannt, von welchen Gefühlen es übermannt wird, Sie zeigen ihm einen Ausweg und vermitteln ihm die wichtige Botschaft, dass das Leben trotzdem weitergeht.

Mit Kindern im Alter zwischen zwei und sechs Jahren werden Sie noch viele solcher Situationen erleben. Gewöhnen Sie sich daran, hocken Sie sich zu dem Kind und begegnen Sie der Verzweiflung Ihres Kindes mit Gelassenheit und Verständnis. Damit fahren Sie alle garantiert am besten.

GEBURTSTAGE

Den zweiten Geburtstag des Kindes arrangieren meistens die Erwachsenen, und die frischgebackene Zweijährige sieht erstaunt aus, wenn Sie sie bitten, in die Kamera zu schauen. Der dritte Geburtstag bleibt schon besser in der Erinnerung der Kleinen haften, und der Dreijährige nimmt aktiver an dem Geschehen teil. Aber der erste «richtig» große Geburtstag ist der vierte. Er ist der erste, auf den das Kind sich selbst freut und auf den es sich vorbereitet, indem es sich ausmalt, was dann alles geschehen wird. Welche Sorte Kuchen es gibt, welche Gäste kommen werden, ob gesungen werden soll oder nicht. Vierjährige haben sehr genaue Vorstellungen von «ihrem» großen Tag – und zwar so viele, dass es schier unmöglich ist, sie alle zu erfüllen. Und ist der Tag erst da, füllt sich Ihre Wohnung mit einem Haufen weiterer Vierjähriger, mit denen noch nicht immer leicht umzugehen ist. Vierjährige tun das, was sie selbst wollen, und unterwerfen sich nicht unbedingt Ihrer Regie, wie Fünfjährige es tun, die schon mehr darüber wissen, was von einem Geburtstagsgast erwartet wird.

Jede Familie hat ihre persönlichen Geburtstagsrituale – was gegessen wird, wie der Ablauf ist, ob es viele oder wenige Gäste sein sollen auf der Feier, ob dem Kind schon am Bett sein Geschenk überreicht wird oder nicht – es gibt unzählige verschiedene Arten, einen Geburtstag zu feiern. Wie Sie ihn feiern, spielt gar keine so große Rolle, wichtig ist aber, *dass* Sie ihn feiern. Kinder müssen das Gefühl haben, dass man sich freut, dass es sie gibt. Sie brauchen diesen besonderen Tag, an dem es ganz um sie und um ihre Geschichte geht, und sie fühlen sich wohl, wenn ihnen ihr natürlicher Platz im Gefüge familiärer Traditionen zugewiesen wird.

Eine Kindergeburtstagsparty ist ein Heidenspaß, aber zugleich auch eine echte Herausforderung. Mitzuerleben, wie fremde Kinder jegliche Hemmungen fallen lassen, kann das Vorstellungsvermögen von so manchem übersteigen. Es macht daher Sinn, die Feier kurz zu halten und sich schon im Vorfeld Gedanken über den Verlauf und die Programmpunkte zu machen. Wann soll was passieren? Geschenke auspacken, Spiele spielen, ein Ausflug ins Grüne mit Schatzsuche, Essen, Kuchen – Sie sollten einen ungefähren Zeitplan entwerfen, damit die Feier so abwechslungsreich ist, dass keine Langeweile aufkommt und auch keine Unsicherheiten entstehen, weil Sie oder die Kinder nicht wissen, was als Nächstes geschehen soll. Übergangssituationen sind schon mit *einem* Kind schwer zu bewältigen. Haben Sie einen Haufen Kinder zu Besuch – einschließlich einiger, die Sie gar nicht kennen –, werden Sie noch froh darüber sein, wenn die Programmpunkte Schlag auf Schlag aufeinander folgen.

Natürlich wird nicht alles nach Plan laufen. Das ist auch in Ordnung – solange genügend Erwachsene da sind, um die Kinder zu trösten, die Trost brauchen. Feiern Sie nie alleine, sondern suchen Sie sich Unterstützung. Bei Kindern dieses Alters kann man gar nicht genug Hände haben.

SCHLAF

Im Kindergartenalter – vor allem von drei Jahren an aufwärts – verbessert sich meistens der Schlafrhythmus der Kinder. Viele schlafen jetzt nachts durch, viele haben sich an Zu-Bett-Geh-Routinen gewöhnt, und die Eltern gehen meistens entspannter mit der Angelegenheit um. Doch so verschieden, wie Kinder sind, so verschieden ist auch ihr Schlafverhalten. Manche schlafen durch, andere sind schon zwei Stunden vor dem Weckerklingeln hellwach.

Man sollte dabei nicht außer Acht lassen, dass sich Kinder dieses Alters noch im Wachstum und in der Entwicklung befinden – der Schlaf ist noch sehr wichtig. Schlaf bedeutet, aufzutanken; das Gehirn braucht Zeit, um neue Verbindungen zwischen den Zellen zu errichten. Eltern oder Erziehungsberechtigte müssen dafür sorgen, dass feste Tagesabläufe und ausreichend Schlaf gewährleistet sind; sie können dem Kind kaum etwas Wichtigeres geben als das. Kinder unter sechs Jahren können ihren Schlaf-Wach-Rhythmus noch nicht verschieben, sie holen verpassten Schlaf also nicht nach. Sie länger aufbleiben zu lassen, weil es ein so schöner oder gemütlicher Abend ist, führt nur dazu, dass die Kinder am nächsten Tag unausgeglichen und schwer ins Bett zu bringen sind, und lässt einen schneller in einen Teufelskreis geraten. Auch wenn es langweilig klingen mag – es gibt kaum etwas, das sich so auszahlt wie die Beibehaltung des kindlichen Schlafrhythmus.

Und für ausreichend Schlaf zu sorgen, liegt in der Verantwortung der Eltern.

Das Zubettgehen

Viele Eltern fragen sich, wie viel Zeit man in diesem Alter auf das Zubettgehen verwenden sollte. Feste Richtwerte gibt es dafür nicht. Bei den meisten Kindern dauert es tatsächlich noch seine Zeit – allerdings vergisst man leicht, dass diese abendliche Zeit vor dem Schlafengehen etwas Schönes ist, weshalb das Kind sie vermutlich auch ausdehnen möchte – diese Zeit gehört nur Ihnen, ist *Ihre* Zeit. Für mich persönlich gehörte der Moment, an dem das Kind den Tag «loslässt» und man verfolgen kann, wie seine Augenlider flattern, die Arme schwer auf die Matratze sinken und seine Atmung ruhig wird, die sie in das Reich der Träume entschweben lässt, zu den denkwürdigsten Momenten überhaupt.

Diese flüchtigen Augenblicke tragen Sie mit sich – den Anblick des zur Ruhe gekommenen Kinderkörpers, der halb geöffneten Hände, die entspannt auf der Decke liegen.

Gestalten Sie die Zubettgehzeit also so, dass sie zu einer positiven Erfahrung wird – lachen Sie gemeinsam, kitzeln Sie das Kind, sprechen Sie über den Tag, lesen Sie ein neues Kapitel in seinem Vorlesebuch. Konzentrieren Sie sich lieber auf die schönen Aspekte des Abendprogramms, als damit zu hadern, dass es jetzt wieder ins Bett geht.

Ist es Ihnen jedoch nicht möglich, viel Zeit auf das Zubettgehen zu verwenden, dann ist das eben so. Haben Sie beispielsweise vier Kinder, können Sie nicht neben jedem liegen bleiben und die gemeinsame Zeit miteinander genießen. Dann tun Sie das, was im Bereich des Machbaren liegt. Möchten Sie gern beim Einschlafen des Kindes seine Hand halten, ist das wunderbar, geht das nicht, weil so vieles andere ansteht, ist das auch in Ordnung. Tun Sie das, was Ihnen für Sie als Familie am passendsten erscheint.

Manche Kinder kommen leicht zur Ruhe, andere wiederum brauchen eine Schmusedecke oder ein Kuscheltier oder eine sanft streichelnde Hand. Das Bedürfnis nach Nähe zu den Eltern und ihrem vertrauten Geruch ist in dieser Altersstufe immer noch groß. Ab einem Alter von zwei Jahren können Kinder gut und gerne in ihrem eigenen Bett schlafen, aber kein Kind wird sich ewig dort aufhalten.

Das Geräusch tapsender Kinderfüße, die Kurs auf Ihr Bett nehmen, gehört dazu und ist eines der schönsten Geräusche, die ich kenne.

Entspannen Sie sich einfach. Bald werden alle Kinder in ihren eigenen Betten schlafen – und zwar die ganze Nacht hindurch.

Wie viel Schlaf und wie häufig?

Kinder im Kindergartenalter schlafen zwischen 10 und 13 Stunden pro Tag – normalerweise. Weil der Tag für ihre kleinen Körper noch so lang und anstrengend ist, halten die meisten Kinder bis zu einem Alter von etwa drei Jahren noch einmal am Tag eine Mittagsruhe. Aber auch auf diesem Gebiet gibt es große Unterschiede. Viele Eltern sind sich unsicher, was sie tun sollen, wenn ihr Kind zeitweise mit dem Schlaf zu kämpfen hat. Was genau dahintersteckt, ist auch nicht immer einfach herauszufinden, da sowohl Kinder, die keinen ausgedehnten Mittagsschlaf mehr brauchen, als auch Kinder, die übermüdet sind, Einschlafprobleme zeigen.

Man kann jedoch nach ein paar Anzeichen Ausschau halten, die einem als Entscheidungshilfe dienen können: Kinder, die mitten in der Nacht aufwachen und hellwach sind, sind meistens übermüdet und brauchen tagsüber mehr Schlaf. Das ist vergleichbar mit den Schlafproblemen Erwachsener, bei denen es bei der Arbeit oder im Privatleben kriselt, was nachts das Gedankenkarussell nicht zur

Ruhe kommen lässt. Dergleichen besagt, dass der Spannungslevel zu hoch ist, dass im Leben zu viel geschieht. Der Mittagsschlaf dient Kindern zwischen zwei und drei Jahren als ein wichtiges Ventil, weil sie mit so viel Neuem – so vielen Wörtern, Menschen und unerwarteten Ereignissen – konfrontiert sind. Wenn Sie Ihrem Kind diese kleine Pause zu früh vorenthalten, werden Sie merken, dass es nachts unruhig wird. Möchten Sie die Mittagsruhe beenden, macht es Sinn, zuerst einmal mit den Erziehern der Kita darüber zu sprechen. Sie wissen, wie Ihr Kind tagsüber «tickt»; vielleicht empfiehlt sich eine allmähliche Verkürzung der Mittagsruhe.

Kinder, die nicht ins Bett wollen, sind anstrengend. Die sinnvollste Lösung ist immer noch, sie rechtzeitig ins Bett zu bringen. Sorgen Sie auch dafür, dass Ihr Kind vorher genügend gegessen hat und Sie ein gutes Zubettgehritual haben, damit das Zubettgehen mit etwas Positivem assoziiert wird.

Ausschlaggebend ist nichtsdestotrotz, dass die Kinder ihren Kindergartentag gut bewältigen können. Die Erzieher müssen auf das Kind achten, müssen sehen, ob es seinen Mittagsschlaf braucht – dann soll es ihn bekommen –, oder ob es munter und fröhlich wirkt, dann kann es auch einmal darauf verzichten.

Machen Sie sich zudem klar, dass es Unterschiede zwischen dem Alltag und dem Wochenende geben kann. An den Wochenenden und in den Ferien können Kinder eher auf ihren Mittagsschlaf verzichten als im Kindergarten. Zu Hause herrscht einfach mehr Ruhe.

Nachtschreck

Es gab einen Zeitraum, in dem mein Sohn mitten in der Nacht aufwachte und vor Panik schrie. Wir wohnen in einem alten, hellhörigen Mehrfamilienhaus, mit Nachbarn in unmittelbarer Nähe. An und für sich kein Problem, nur nicht dann, wenn das Kind laut schreit. Nacht für Nacht kam es zu denselben Ausbrüchen: «Nein, Papa!», «Du nicht, Papa! Nicht schon wieder, ich will nicht!». Ich weiß nicht, ob ich mich darüber freuen oder ob ich enttäuscht sein soll, dass keiner der Nachbarn das Jugendamt verständigte – irgendwann gaben sich die Anfälle, und eigentlich ist dieser sogenannte «Nachtschreck» auch nichts Schlimmes. Kommen die Kinder in das Alter, in dem die Phantasie Purzelbäume schlägt, sind sie bei dieser Art von Albträumen häufig sozusagen zwischen Wachen und Schlafen «gefangen». Die Träume der Kinder haben keinen konkreten Bezug zur Wirklichkeit, sie besagen nicht, dass etwas nicht stimmt. Das Kind zu beruhigen ist das Einzige, was hilft. Mit ihm reden zu wollen, bringt nichts, nur bei ihm zu sein, ihm vielleicht ein Kuscheltier zu reichen, das Kind zu umarmen oder es durch ruhiges Sprechen oder das Summen eines Liedes wieder zu Ruhe zurückfinden zu lassen.

Die Nachtschreck-Phase geht wieder vorbei – und das Kind erinnert sich am nächsten Tag auch nicht mehr an diese nächtliche Episode.

(Sollte einer meiner ehemaligen Nachbarn dies zufällig lesen, so hoffe ich, im Nachhinein für etwas Seelenruhe gesorgt zu haben ...)

EIN PAAR SCHLAFTIPPS FÜR JEDES ALTER

2 JAHRE

In diesem Alter fällt es Kindern manchmal schwer, in den Schlaf zu finden. Es gibt so vieles, was sie festhalten, was sie erforschen wollen, dass es ihnen schwerfällt, zur Ruhe zu kommen und loszulassen. Das Kind braucht seinen Vater oder seine Mutter, die es beruhigt, es braucht seine wiederkehrenden Abläufe und sein Lieblingskuscheltier im Arm. Kaum jemals dauert die Zubettgehzeit so lange wie jetzt. Und Kinder dieses Alters wachen für gewöhnlich auch sehr früh morgens auf, um noch ein wenig Exklusivzeit mit ihrem «Lieblingsmenschen» zu haben, bevor der Ernst des Tages beginnt.

3 JAHRE

Für Dreijährige ist der Schlaf meistens keine große Sache mehr. Sie schlafen leichter ein und besser als je zuvor. Es ist aber auch nicht selten, dass sie nachts noch einen «Ausflug» ins Elternbett unternehmen – das Kind sucht Geborgenheit und weiß, wo diese zu finden ist.

4 JAHRE

Jetzt stabilisiert sich der Schlaf bei den meisten Kindern endgültig. Die kleine Mittagsruhe fällt weg, wodurch die Tage intensiver werden. Achten Sie darauf, die Kinder nicht zu spät ins Bett gehen zu lassen. Eine zu späte Bettgehzeit und zu wenig Schlaf führen zu schlechtem Schlaf. Und das macht es noch schwieriger, die Kinder ins Bett zu bekommen. Viele Kinder schlafen jetzt nachts ohne Windeln, aber es empfiehlt sich, das Kind noch einmal auf die Toilette zu setzen, bevor sich die Eltern schlafen legen.

5 JAHRE

Fünfjährige sehnen die Zubettgehzeit meistens geradezu herbei. Die wertvolle Exklusivzeit mit einem Erwachsenen hat sich vom Morgen in den Abend verschoben. Gestalten Sie die Zubettgehzeit deshalb so, dass genügend Zeit für das gemeinsame Lesen von Büchern und fürs Kuscheln bleibt, und dafür, erstaunlichen Dingen gemeinsam auf den Grund zu gehen. Und seien Sie nicht zu ungnädig, falls Ihr Fünfjähriger nachts noch einmal auf der Suche nach Geborgenheit zu Ihnen ins Bett schlüpft. Kinder kommen nie, um Sie zu stören, sondern weil die Nacht lang und voller Träume ist.

HUMOR!

Der Humor des Kindes und was es zum Lachen bringt, verändert sich in dieser Altersspanne enorm. Während ein Zweijähriger noch in Lachen ausbricht, wenn überraschend irgendwo ein Gesicht auftaucht, kann ein Fünfjähriger kaum noch an sich halten, wenn er einen Witz kapiert hat. Gemeinsam zu lachen festigt die emotionale Bindung zum Kind. Es besagt, dass man zusammengehört, das man etwas miteinander teilt, dass es einem gut miteinander geht.

Sorgen Sie deshalb dafür, gemeinsam mit Ihrem Kind zu lachen - selbst wenn der Humor von Kindern noch kindisch sein kann. Ja, er kann sogar so banal sein, dass Sie sich vielleicht fragen, was daran nun so lustig sein soll und ob man wirklich darüber lachen kann - die Antwort lautet: «Ja». Denn gemeinsam zu lachen, bedeutet Ihrem Kind alles!

Seien Sie sich dabei des Unterschieds zwischen *gemeinsam* lachen und *über etwas* lachen bewusst. Über das Kind zu lachen, macht es einsam und lässt es Unsicherheit verspüren - das ergeht uns Erwachsenen nicht anders und gilt vor allem für Situationen, in denen man sich nicht sicher ist, was an diesem oder jenem denn nun so lustig sein soll. Aus diesem Grund sollten Sie beispielsweise auch niemals in sozialen Netzwerken Aufnahmen Ihrer Kinder posten, die noch nicht durchschaut haben, wie man mit einem Mixer oder Ähnlichem umgeht, oder die sich allein angezogen und dabei etwas noch nicht ganz richtig gemacht haben. Machen Sie Ihr Kind niemals vor anderen zum Gespött. Humor soll die Bindung zwischen Ihnen und Ihrem Kind festigen, und nicht die zwischen Erwachsenen.

Worüber wir lachen, kann von Familie zu Familie verschieden sein. Beim Kind sieht die Entwicklung folgendermaßen aus:

Zweijährige: Die süßen Zweijährigen lachen über Unerwartetes. Über Tiere mit einem Körper, der nicht zum Kopf passt, ein Überraschungsmoment in einer Geschichte oder wenn etwas an völlig falscher Stelle in Erscheinung tritt. Sie lachen auch gern immer wieder über dasselbe. Ist etwas lustig, kann sie das wochenlang begleiten.

Dreijährige: Ungefähr mit dreieinhalb Jahren verstehen Kinder die ersten Witze. Bilder und direkte Witze – verbunden mit etwas Unerwartetem – sind für die meisten Dreijährigen besonders lustig. Viele machen jetzt auch eine Phase durch, in der Pipi- und Kacka-Witze hoch im Kurs stehen. Das geht wieder vorbei. Lachen Sie trotzdem mit dem Kind darüber, solange dies andauert.

Vierjährige: Jetzt beginnt das Kind, Streiche zu verstehen und lustige Situationen zwischen Menschen oder Tieren witzig zu finden. Sie werden feststellen, dass Ihr Kind mehr von seiner Umwelt begreift und dass komplexere Situationen in sein Humorverständnis eingehen.

Fünfjährige: Jetzt rücken die individuellen Unterschiede der Kinder stärker in den Vordergrund. Worüber Kinder dieses Alters lachen, kann höchst unterschiedlich sein. Die Witze, die sie verstehen, finden sie zum Kaputtlachen. Sie erkennen auch viel besser, worüber ältere Kinder lachen, und richten sich – auch humortechnisch gesehen – danach aus.

SOZIALE MEDIEN UND BILDSCHIRMZEIT

Wie viel Zeit Kinder dieser Altersgruppe vor dem Bildschirm verbringen dürfen, ist ein wichtiges Thema. Wie lange dürfen sie das Tablet nutzen? Wie können wir Eltern diese Zeiten begrenzen? Warum gehen die Kinder nicht lieber raus zum Spielen? Diese Fragen stellen sich alle Eltern.

Wie lange genau ein Dreijähriger digitale Medien konsumieren darf, ist relativ. Die wesentliche Frage ist eher: Was tun die Kinder darüber hinaus? Kinder können im Umgang mit dem Tablet viel lernen. Sie dürfen gut und gerne ein wenig in diese Welt abtauchen – aber es sollten sich dem Kind auch andere Betätigungsfelder eröffnen, auf denen es Erfahrungen sammeln kann.

Kinder brauchen Bewegung, wollen drinnen und draußen spielen, müssen in Phantasiewelten eintauchen dürfen. Kinder sitzen unter anderem deshalb so gern vor dem Bildschirm, weil es eine Art freiheitliches Refugium ist, wo sie zu ihren eigenen Bedingungen Zeit verbingen können, ohne Eltern, die sie «überwachen». Ermöglichen Sie Ihren Kindern dieses Freiheitsgefühl aber auch auf anderen Gebieten. Geben Sie ihnen Raum und Zeit für sich allein und lassen Sie zu, dass Ihr Kind etwas selbständig tut, wenn Sie merken, dass es dafür bereit ist.

Und versuchen Sie nicht, die Bildschirmzeit durch das Aussprechen von Verboten einzuschränken, sobald das Kind länger als eine Stunde vor dem Laptop sitzt. Aussagen wie «Ich habe dir doch gesagt, dass du nur noch dieses Computerspiel spielen darfst» sind weniger effektiv als die Ankündigung «Wir wollen jetzt losfahren. Ich verstehe, dass du noch länger spielen willst, aber wir müssen auch mal raus. Spiel diese Runde noch zu Ende, dann geht's nach draußen.»

Sie müssen dem Kind vermitteln, dass es auch jenseits von iPad und Co eine interessante Welt gibt, die es zu entdecken gilt. Dadurch legen Sie den Grundstein dafür, wie Ihr Kind sein Leben und seine Freizeit in Zukunft gestalten wird. Sie können ihm auch die wunderbare Welt der Bücher eröffnen. Das Bücherlesen fördert den Wissenserwerb und die Entwicklung der Konzentrationsfähigkeit wie kaum etwas anderes. Lesen Sie dem Kind Geschichten vor, sodass es erfährt, wie eine Erzählung einen in den Bann schlagen kann, machen Sie es mit Aktivitäten vertraut, anhand derer es lernt, wie gut ihm körperliche Bewegung tut, wie viel Spaß es zum Beispiel bringt, mit einem Ball zu spielen, auf einen Baum zu klettern, Blaubeeren zu sammeln, Blumen zu pflücken, die Wasseroberfläche zu berühren, eine Brücke zu überqueren, in einer Bäckerei ein Stück Kuchen zu kaufen. Kinder brauchen all das – und Sie müssen ihnen den Weg dorthin weisen.

Blicken Sie selbst immerzu nur auf ein Display, fehlt es Ihnen in dieser Beziehung allerdings an Glaubwürdigkeit. Auch Sie müssen sich mit anderen Dingen beschäftigen. Ich weiß gut, wie verlockend es ist, das Kind noch eine weitere Folge einer Sendung schauen zu lassen, um für eine zusätzliche halbe Stunde seine

ECHTES LERNEN GESCHIEHT DURCH DAS VORBILD ANDERER UND IN IHREM BEISEIN. KINDER BRAUCHEN MEHR ALS NUR FERNSEHEN UND COMPUTERSPIELE, SIE MÜSSEN ZEIT MIT IHNEN VERBRINGEN.

Ruhe zu haben – aber wenn Sie das zu häufig tun, wird das Kind seine Fähigkeit, sich selbst zu beschäftigen, verlieren. Es möchte dann nur noch unterhalten werden. Und das ist ein schlechter Grundstein für ein glückliches und zufriedenes Leben.

Menschen, die sich selbst aktiv einer Sache widmen, erreichen im Leben mehr als solche, die nur dasitzen und abwarten.

Totale Abstinenz

Einer meiner Bekannten hat seine Kinder von vier und sechs Jahren nie fernsehen oder digitale Spiele spielen lassen. Seinen PC benutzt er selbst nur für seine Arbeit. Wir haben uns darüber unterhalten, und ich bin gespannt darauf, wie lange er das durchziehen wird. Eine totale Abstinenz führt nämlich häufig dazu, dass Dinge sich später ins Gegenteil verkehren, wenn das Kind alt genug ist, um selbst darüber zu bestimmen, was es tun möchte. Essen Sie beispielsweise niemals Fastfood, wird Ihr Fünfjähriger es später gierig hinunterschlingen. Wird einem Teenager untersagt, auch nur einen Tropfen Alkohol zu probieren, wird er sich später volllaufen lassen.

Sie stellen jetzt die Weichen dafür, wie Ihr Kind später mit seiner Handy-, Internet- und Computerspielnutzung umgehen wird. Totale Abstinenz ist deshalb eine strenge Regel, die das Kind in die Isolation treiben kann. Und in gewisser Weise ist diese Abstinenz auch unrealistisch. Die Technologie und die Digitalisierung sind zu einem bedeutenden Teil unseres Lebens geworden. Es kommt daher vor allem darauf an, dem Kind beizubringen, dass es nicht immer nur vor dem Bildschirm sitzen kann, sondern auch ein anderes Mal wieder Zeit dafür ist, und dass es noch viel mehr auszuprobieren und zu entdecken gibt.

Mit dieser Problematik angemessen umzugehen, wird in den kommenden Jahren nicht einfacher werden. Eine Mutter erzählte mir verzweifelt, dass das Spielen elektronischer Spiele die ganze Familie «infiziert» habe. Sobald ihr ältester Sohn von der Schule nach Hause kam, setzte er sich direkt vor den Fernseher, und die kleinen Schwestern taten es ihm nach. Sie wollten nicht mehr auf das hören, was sie sagte, sie kamen nicht zum Abendessen, wenn sie sie rief, waren vollkommen in ihre Spielewelt versunken. Wollte sie die Bildschirmzeit einschränken, kam es zu Streit, es wurde geschmollt und die Stimmung war mies. Sie fühlte sich auf der Verliererseite, die Spielkonsolen boten den Kindern mehr, als sie ihnen bieten konnte. Welche Grenzen konnte sie ihren Kindern da noch setzen?

Reagieren Sie zu streng und untersagen den Kindern jegliche Computerspiele oder Ähnliches, werden Sie nicht mehr mit ihren Freunden mithalten können, virtuell Erlebtes nachspielen und thematisieren können. Gibt es dagegen keine Computerspielbegrenzung, führen diese zu Hause allein Regie und beanspruchen sämtliche Zeit und Vorstellungskraft. Kommen dann noch Fernsehsendungen oder YouTube-Clips und alles Mögliche andere hinzu, tauchen die Kinder leicht völlig in eine virtuelle Welt ab. Das aber bedeutet zu viel Stress und überfordert die kleinen Gehirne – und der zwischenmenschliche Kontakt bleibt auf der Strecke. Die negativen Auswirkungen sind offensichtlich, das Kind wird unausgeglichen und unzufrieden und büßt Geborgenheit ein.

Diese Problematik lässt sich nicht nur auf eine einzige Art lösen. Jede Familie beschäftigt sich in ihrer Freizeit mit anderen Aktivitäten, und ein Gemeinschaftsgefühl kann aus vielerlei Dingen entstehen. Ist jedoch ein familiärer Konflikt vorprogrammiert, müssen Sie als Eltern aktiv werden und vorgeben, wie der Familienalltag gelebt werden soll. Sie müssen alle wieder in geordnete Bahnen lenken, wenn etwas zu entgleisen droht.

Die wahre Kunst ist es, die richtige Balance zwischen Fernseh- und Computerspielkonsum auf der einen sowie phantasieanregenden Beschäftigungen und körperlicher Betätigung auf der anderen Seite zu finden. Hier folgen ein paar Tipps, die Ihnen dabei helfen können, den für Sie richtigen Weg einzuschlagen:

1. Sich mit den Computerspielen auskennen.

Bei vielen Spielen ist eine vorzeitige Unterbrechung nicht möglich, obwohl die Bildschirmzeit eigentlich begrenzt werden sollte, weil der letzte Spielstand nicht zwischengespeichert werden kann oder die Kinder einen Mitspieler in einem für sie ausschlaggebenden Kampf im Stich lassen würden. Deshalb sollten Sie sich mit den von Ihren Kindern favorisierten Spielen auskennen, diese selbst auch einmal ausprobieren, die Logik dahinter durchschauen. Verstehen Sie sich auf die Welt, in der sich Ihre Kinder bewegen, können Sie auch leichter entsprechende Grenzen setzen.

2. Andere Beschäftigungen einführen. Bieten Sie Ihrem Kind Alternativen zum Computerspiel an. Im Kindergartenalter sind Sie immer noch ein gefragter Spielpartner, das Kind malt gern mit Ihnen, liest gern gemeinsam Bücher oder genießt es, sich mit Ihnen zu unterhalten. Sorgen Sie dafür, dass auch solche Aktivitäten stattfinden.

3. Gemeinsam aktiv sein. Man lässt die Kinder gerne noch ein Weilchen vor dem Bildschirm sitzen, um selbst einmal einen Moment Frieden zu finden. Wird aber zu viel Zeit vor dem Fernseher oder der Spielkonsole verbracht, werden die Kinder unruhig und es fällt einem schwer, sie zu anderen Aktivitäten zu ermutigen. Machen Sie deshalb gerade am Wochenende rechtzeitig auch andere Dinge und gehen Sie gemeinsam raus.

4. Sprechen Sie mit Ihren Kindern vom Kindergartenalter an über elektronische Spiele und Fernsehsendungen. Woran haben die Kinder Spaß, und welche Dinge sollte man begrenzen? So wie wir die Kinder nicht nur mit Nachtisch ernähren können, müssen sie auch lernen, dass digitale Spiele und Fernsehkonsum nicht alles sind und es auch noch andere schöne Dinge gibt, mit denen man sich beschäftigen kann.

Verarbeitung

Als meine Söhne noch jünger waren, saßen sie manchmal in ihrem Kinderzimmer und taten so, als würden sie Videospiele spielen. Holzklötze dienten ihnen als Spielkonsolen, und sie unterhielten sich über alles, was sie auf der weißen Wand vor sich zu sehen glaubten.

Wann immer Ihre Kinder etwas getan haben, das einer bestimmten Struktur folgt – egal ob ihnen vorgelesen wurde, sie elektronische Spiele gespielt haben oder beim Sport waren –, müssen sie diese Situation im Nachhinein verarbeiten.

Kinder tun das ganz automatisch durch das Spielen. So lernen sie sich selbst und das, womit sie sich beschäftigen, richtig kennen. Haben Sie Ihrem Kind beispielsweise ein Märchen vorgelesen, werden Sie erleben, dass es Elemente daraus, die schwierig oder komplex waren oder eine Herausforderung für es darstellten, in sein Spiel einbaut und es diese zeichnerisch oder in einem Rollenspiel verarbeitet. So spinnen Kinder die Geschichten weiter, so verarbeiten sie das Gehörte, spielen Szenen nach und packen sie zu etwas für sie Verständlichem zusammen. Diese Spielzeit ist für alle Kinder etwas ganz Wesentliches, und eben darum ist der Konsum von Computerspielen und Fernsehsendungen auch mit Vorsicht zu genießen – sie fesseln die Aufmerksamkeit der Kinder zu stark und nehmen deshalb schnell zu viel Raum ein.

Verbringen die Kinder zu viel Zeit vor dem Bildschirm, geht das auf Kosten des so wichtigen freien Spiels. Ein ausgedehnter Medienkonsum raubt den Kindern die Zeit, die sie brauchen, um Neues zu lernen und um ihre Eindrücke zu verarbeiten.

Ihre persönlichen sozialen Medien

Für Ihre persönliche Handy- und Kameranutzung sollten Sie Folgendes beachten: Machen Sie Ihr Kind nicht zu einem Objekt. Ob Sie nun gerne Fotos von Ihren Kindern posten oder nicht – Sie sollten Ihr Kind in allererster Linie konkret und direkt «sehen» und wahrnehmen und nicht nur über Ihr zwischengeschaltetes Smartphone oder die Linse der Kamera. Kinder brauchen Ihre unmittelbare und ungeteilte Aufmerksamkeit, sie brauchen *Sie* – wie Ihre Freunde in den sozialen Medien auf Sie reagieren, spielt keine Rolle für sie. Wir alle sind heute der drohenden Gefahr ausgesetzt, «süchtig» nach der Aufmerksamkeit anderer im Netz zu werden, uns von der Reaktion anderer, von Emoticons abhängig zu machen – aber das wahre Leben spielt sich nicht auf dem Bildschirm ab. Das wahre Leben wird durch Blickkontakt und menschliche Nähe gelebt und zwar im Hier und Jetzt. Und *hier* braucht Ihr Kind Sie.

RICHTIG LOBEN

Sie möchten Ihrem Kind gerne mitteilen, wie phantastisch Sie es finden. Wie sehr Sie sich darüber freuen, dass es ihn oder sie in Ihrem Leben gibt. Und Sie möchten ihm zeigen, dass Sie sehen, was es tut, dass Sie bemerken, was es alles zustandebringt. Viele Eltern loben ihr Kind dann mit den Worten: «Gut machst du das!» - das kommt irgendwann geradezu automatisch. «Hast du ein Bild gemalt? Gut hast du das gemacht! Eine Bahnlinie gebaut? Gut hast du das gemacht! Ein Puzzle zusammengesetzt? Gut machst du das!»

Zu dieser Äußerung greift man meistens, wenn einem nichts Besseres einfallen will, und in der Regel erfüllt sie auch ihren Zweck - zumindest kurzfristig.

Eigentlich ist das aber eine schlechte Form, dem Kind sein Lob auszusprechen - denn es gibt Ihrem Kind rein gar nichts. Zum einen wird es durchschauen, dass Sie das nur sagen, damit Sie irgendetwas sagen. Es stellt eine simple Lösung dar, wenn das Kind Ihre Ermunterung braucht, danach verliert es jedoch zunehmend an Wirkung, wird eine bloße Worthülse. Zum anderen gewinnt Ihr Kind dadurch fälschlicherweise den Eindruck, «gut» würde bedeuten, dass man «gut *sein*» muss - und Sie es deshalb lieben. «Jetzt machst du deine Sache gut, jetzt freue ich mich über dich, jetzt verhältst du dich richtig.» Das Kind wird das dann aber als Messlatte ansehen, sich danach verhalten und nur noch Dinge auf den Gebieten tun wollen, in denen es «gut» ist. Es wird nicht den Mut haben, etwas Neues auszuprobieren, das es noch nicht kann, aus ihm wird ein zaghaftes Kind werden, das Situationen vermeidet, die schieflaufen und ihm den Stempel «nicht gut» verleihen könnten. Kinder, die glauben, dass sich «gut sein» lohnt, werden schlechter als andere mit Widerständen fertig, geben leichter auf und werden sich weniger zutrauen.

Darüber hinaus wird für das Kind jede Situation, in der es sich als «Verlierer» empfindet, zum Problem werden.

«Gut» werden Kinder aber nur, wenn sie Dinge ausprobieren und Fehler machen dürfen, wenn sie sich an Neues wagen und sich Neues aneignen dürfen – und sich währenddessen im Licht der elterlichen Begeisterung sonnen können. Ihr Kind braucht – und das ist der springende Punkt – nichts als Gelegenheiten zum Sich-Ausprobieren, Mut und Begeisterung für die Sache.

«Gut sein» als etwas Erstrebenswertes zu verinnerlichen, bringt dem Kind dagegen nur bei, dass es bei dem Bewährten, Erfolgversprechenden bleibt, bietet ihm aber keine Entwicklungsmöglichkeiten.

Sie sollten dem Kind also die Möglichkeit geben, sich auszuprobieren und Fehler zu machen – ohne es zurechtzuweisen oder es zu verurteilen, wenn ihm etwas nicht gelingen sollte. Schafft es heute vielleicht nicht, die Jacke selbst zu schließen, dann sicherlich morgen. Fällt die Zeichnung nicht nach dem Wunsch des Kindes aus, kann es einfach einen neuen Versuch starten. Sagen Sie aber ständig: «Gut machst du das!», bremsen Sie das Kind aus.

Loben Sie Ihr Kind also möglichst auf andere Weise, ohne Bewertung – teilen Sie die Freude des Kindes, die es empfindet, wenn ihm etwas gelingt. «Wow, das hast du geschafft? Toll!» Das Kind möchte gar nicht wissen, ob es gut ist oder nicht, es möchte, dass Sie Anteil an ihm und seinem Tun nehmen, dass Sie es bemerken, es sehen.

So wird das Kind von selbst nach Neuem streben und sich verbessern wollen.

TRENNUNG UND GETEILTES SORGERECHT

Manchmal geht es einfach nicht mehr. Manchmal fördern diese hektischen Jahre Dinge zutage oder lassen einen Seiten am Lebenspartner erkennen, mit denen man nicht mehr leben kann oder will. Oder aber Sie werden mit Schwierigkeiten anderer Art konfrontiert – mit Krankheit, Seitensprüngen des Partners – Dingen eben, mit denen Sie nicht länger umgehen können. Manche Beziehungen haben nun mal keine Zukunft – und bei Trennungen, die wirklich nötig waren, leben anschließend alle besser damit.

Auch das Kind.

Trennen Sie sich, während Ihr Kind noch im Kindergartenalter ist, kann das auch seine Vorteile haben. In diesem Alter sind die Kinder noch so klein, dass sie die Lösungen und Erklärungen der Erwachsenen relativ fraglos akzeptieren. Das macht es etwas einfacher. Schwieriger wird es, von nun an ein Leben zu gestalten, das für alle beteiligten Familienmitglieder auf viele Jahre hin eine gute Lösung darstellt. Sie sind von nun an eine Familie mit zwei Mittelpunkten, und in beiden sollte sich das Kind wohlfühlen. Die Frage, wie «erfolgreich» eine Trennung ist, lässt sich eigentlich nur aus der Perspektive des Kindes beantworten und entscheidet sich daher meistens auch erst im Nachhinein, in 15 bis 20 Jahren. Ziel sollte es sein, die Trennung so zu gestalten, dass Ihr Kind trotz allem glücklich aufwachsen kann.

Kinder zwischen zwei und sechs Jahren sind schon so «groß», dass sie mit beiden Elternteilen Zeit verbringen möchten (sofern Sie beide in der Lage sind, sich um das Kind zu kümmern). Dass die Eltern das Kind nicht zum Streitpunkt machen, ist das Ausschlaggebende – denn derlei gehört zum Schlimmsten, dem Eltern ihre Kinder aussetzen können. Dann werden die Kinder gezwungen, Partei zu ergreifen, werden von Gerichten oder Behörden befragt, während beide Elternteile beweisen wollen, dass sie am besten dafür geeignet sind, das alleinige Sorgerecht auszuüben. Dergleichen aber ist eine ungemein große Belastung für ein Kind. Erwachsene können solche Konflikte selten auf eine akzeptable Weise lösen. Ein Kind ist nicht «teilbar», aber vielen Eltern bleibt nichts anderes übrig, als sich das Sorgerecht zu teilen und praktische Lösungen für den Alltag mit den Kindern zu finden, die allen dienen.

Von dem Tag an, an dem nichts mehr an einer Trennung oder Scheidung vorbeiführt, sollten Sie sich darauf vorbereiten, dass es sicherlich nicht leicht wird, Sie sich aber um des Kindes oder um der Kinder willen zusammenraufen müssen. Man kann über Prozentsätze sprechen, über die Anzahl der Tage und Wochenenden, die der Nachwuchs bei diesem oder jenem Elternteil verbringt –, aber welche Lösung die beste ist, wird von Familie zu Familie anders sein. Dem Kind sollte dabei unbedingt Kontakt zu beiden Eltern ermöglicht werden, nur dann ergeht es ihm gut. Wohnen Sie möglichst weiterhin in der Nähe Ihres Expartners und bleiben Sie im Austausch über die praktischen Dinge – und lassen Sie Ihre Enttäuschung über einen Betrug oder das Gefühl, eine Niederlage erlitten zu haben, nicht in Unterhaltungen über Finanzielles oder Zeitpläne einfließen, die funktionieren müssen. Holen Sie sich Hilfe oder Rat bei Freunden oder Fachleuten, wenn Sie darunter leiden, betrogen oder hintergangen worden zu sein – aber finden Sie eine Möglichkeit des Dialogs mit dem ehemaligen Partner, damit die Interessen Ihres Kindes nicht außer Acht gelassen werden.

Es verlangt einem viel ab, dem Kind durch die Phase der Trennung zu helfen. Sie müssen diese Aufgabe aber nach bestem Wissen und Gewissen wahrnehmen.

Ein Kind, das ins Kreuzfeuer gerät, das seitens der Mutter oder des Vaters dem anderen entzogen oder vorenthalten wird, das manipuliert wird, wird sich wertlos fühlen. Auf diese Weise wird das Kind zum Spielball gemacht, und das Zusammensein mit ihm gerät in den Hintergrund. Mit einem solchen Verhalten erschüttern Sie Ihr Kind in seinen Grundfesten.

Ist es ein Zankapfel statt ein Familienmitglied, ist es schier unmöglich für das Kind, ein gutes Selbstgefühl zu entwickeln.

Ich weiß, dass sich in Trennungszeiten leicht Dinge verselbständigen können. Verlassen zu werden, tut weh, und auch derjenige, der der aktive Part ist und den anderen verlässt, leidet. Wut, Verletzlichkeit und das Gefühl, betrogen worden zu sein, sind häufig die Folge. Doch werden solche Gefühle ausgelebt und zur Schau getragen, zerrüttet das unsere Kinder systematisch.

Was also sollte das Ziel sein? Die Hauptsache ist, dass Ihr Kind sich bei beiden Elternteilen gut aufgehoben fühlt. Es muss sich bei Ihnen beiden wohlfühlen – muss aber auch seine Probleme kanalisieren und äußern dürfen. Leben Eltern getrennt voneinander, sollten die Kinder bei jedem Elternteil streiten und weinen und lachen und ein vollwertiges Leben führen dürfen. Manche Scheidungskinder fühlen sich wie Gäste im Haus des Vaters oder der Mutter, weil diese vor lauter Freude darüber, das Kind zu sehen, schon alles Mögliche vorbereitet haben. Dann übertreiben Eltern es häufig, kaufen das Lieblingsessen der Kinder, suchen ihre Lieblingsfilme heraus. Kinder wollen aber nicht das Gefühl haben, in ein Hotel einzuchecken oder im Urlaub zu sein, sie brauchen ein *Zuhause* – oder vielmehr: zwei. Orte, an denen sie sich entspannen und sie selbst sein können, sie auch mal mürrisch sein dürfen und eben auch mal Reste zu essen bekommen.

Kinder dieser Altersstufe richten sich leicht nach Ihnen aus. Sie sehen, wie sehr Sie sich freuen und auf sie gewartet haben, und wagen es deshalb nicht, sich so zu geben, wie sie sich wirklich fühlen.

Viele Eltern weinen das erste Wochenende ohne Kind bittere Tränen. Ein Leben ohne Kinder kann einem sinnlos erscheinen, es kommt einem unnatürlich vor und bringt nicht selten Seiten an einem zum Vorschein, auf die man weniger stolz ist. Ist die Trennung aber erst einmal Realität, müssen Sie als Eltern eine Möglichkeit finden, die Situation für alle Seiten akzeptabel und «alltagstauglich» zu machen. Das sind Sie Ihrem Kind einfach schuldig.

Der neue Partner

Gelegentlich kommt ein Junge namens Erik zu mir in die Praxis. Er ist ein zurückhaltendes Kind, sieht beim Lächeln verlegen zu Boden. Seine Eltern haben sich getrennt, als er zwei Jahre alt war; sie waren noch sehr jung, als sie ihn bekommen haben. Danach hat es viele Männer im Leben seiner Mutter gegeben. Ich weiß noch, wie wir uns einmal über einen Stiefvater unterhielten, mit dem die Mutter zusammenkam, als Erik 13 Jahre alt war. Der neue Stiefvater konnte ihn nicht leiden. Das schuf mit der Zeit natürlich Probleme, endete aber damit, dass die Mutter für ihren Sohn einstand. «Ich kann mit keinem Mann zusammen sein, der mein Kind nicht mag», hatte sie gesagt und den Partner verlassen. Das war ein unglaublich wichtiger Moment in Eriks Leben. Wenn er davon erzählt, will er das nicht recht zugeben, aber tatsächlich hätte alles andere ihm schweren Schaden zugefügt.

Weil seine Mutter damals seine Partei ergriffen hat, hat er heute eine andere Sichtweise auf sich selbst. Er sieht sich als jemanden, der es wert ist, verteidigt zu werden.

Es ist für alle Beteiligten eine Herausforderung, wenn ein neuer Partner in die Familie tritt. Dass der neue Partner Sympathie für das Kind verspürt, ist nicht selbstverständlich, ganz gleich, wie toll einem dieser auch durch die Brille der Verliebtheit erscheinen mag. Als neuer Partner eine Art «Elternrolle» für das (Stief-)Kind zu übernehmen, ist mit viel Anstrengung verbunden, man muss Interesse am Kind zeigen und – meistens – auch viel Erfahrung im Umgang mit Kindern mitbringen. Hat der neue Lebenspartner selbst keine Kinder, kann er häufig nicht nachvollziehen, was der Vater oder die Mutter des Kindes die Jahre hindurch erlebt und welche Erfahrungen sie gesammelt haben. Da wird ein Kind leicht als Störfaktor empfunden.

Die leibliche Mutter oder der leibliche Vater muss darauf

achten, dass sich das Kind in der neuen Familienkonstellation angenommen fühlt, soll diese Bestand haben. Der neue Partner muss lernen wollen, wie man mit dem Kind spielt, wie man ihm Sicherheit und Geborgenheit gibt und mit ihm kommuniziert.

Zu früh sollten Sie Ihren neuen Partner also nie bei sich einziehen lassen – das sollte ein längerfristiger Prozess sein und Sie sollten sich davon überzeugt haben, dass Ihr neuer Partner mit den Kindern harmoniert. Und danach müssen Sie ihm Raum geben, auf seine eigene Art eine Bindung zu Ihrem Kind aufzubauen.

DIE SPRACHE DER ERWACHSENEN

Erwachsene sprechen untereinander häufig anders, als sie es mit Kindern tun. Erwachsenen gegenüber ist man direkter und schroffer, Erwachsene nehmen das Gesagte nicht immer für bare Münze und verstehen meistens, was dahintersteckt – häufig glauben sie sogar, dass sie selbst alles am besten wissen. Kindern aber kann die Art, wie Erwachsene miteinander reden, Angst einjagen. Sie denken eigentlich nie, dass sie es selbst am besten wissen, sie sind noch neu in dieser Welt und sind bereit, die Dinge erst einmal auszuprobieren.

Deshalb sollten Sie mit einem Kind nie wie mit einem Erwachsenen sprechen.

Sie sollten eine Sprache finden, durch die das Kind versteht, was Sie ihm sagen wollen, und die ihm keine Angst macht.

Bei kleinen Kindern machen wir das ganz automatisch, das ist in uns angelegt. Dann ahmen wir die Laute und die kindliche Sprache nach, die allmählich Gestalt annimmt. Sind die Kinder dagegen schon etwas älter und ihr Sprachvermögen ist besser, müssen Sie trotzdem mit dem Kind in einer Sprache sprechen, die es verstehen kann.

ÜBER ALLES REDEN

Kinder wollen Gehör finden und über alles reden. Erreichen sie das Einschulungsalter, werden sie sich stärker Gedanken darüber machen, wie alles in der sie umgebenden Welt zusammenhängt, und werden Sie umso mehr mit Fragen löchern. Manchen Eltern fällt es leicht, über alles Mögliche mit den Kindern zu reden, andere wiederum tun sich schwer damit oder sind es nicht gewöhnt, Dinge überhaupt in Worte zu fassen.

Sie sollten sich bemühen, mit Ihrem Kind über alles zu reden. Stellt Ihr Kind Ihnen Fragen, sollten Sie diese so natürlich und ehrlich beantworten, wie es Kindern gegenüber eben geht. Sie sollten also auch über den Beginn des Lebens und das Lebensende (und alles, was dazwischen kommt) mit ihnen sprechen, und zwar in den Worten, die uns dafür gegeben sind.

Um mit dem Ursprung von allem zu beginnen: Sobald das Kind auch nur ein bisschen davon verstehen kann, sollten Sie mit ihm über Sex reden. Eine Vorstellung davon zu haben, dass Mädchen eine Scheide haben und Jungen einen Penis, und wie diese in etwa funktionieren, ist für das Kind nur von Vorteil. Auf welche Weise Sie das tun, spielt gar nicht so eine große Rolle, solange Sie dem Kind eine ehrliche und einfache Erklärung geben. Mit einem Zweijährigen darüber zu sprechen, dass der Penis des Jungen steif wird, ist recht einfach, das ist mit einem Sechsjährigen schon schwieriger und mit einem Vierzehnjährigen nahezu unmöglich. Den alten Umweg über die «Bienen und Blumen» sollten Sie nicht nehmen. Sprechen Sie so von unserem Körper, wie er beschaffen ist, wie er reagiert, und gebrauchen Sie die korrekten Begriffe dafür – das Kind wird es entsprechend seinem Fassungsvermögen verstehen.

Als mein mittlerer Sohn drei Jahre alt war, starb mein Schwiegervater. Mein Mann saß weinend auf dem Sofa. Unser Dreijähriger hatte seinen Papa noch nie vorher weinen gesehen. «Papas Vater ist heute Nacht gestorben, und jetzt ist Papa furchtbar traurig», sagte ich. Da ging unser drei Jahre alter Knirps zu seinem Vater, legte den Kopf auf seinen Bauch und weinte mit ihm. Er hatte intuitiv das Gefühl, dass er Anteil nehmen musste, wusste irgendwie, dass es uns Menschen hilft, nicht allein weinen zu müssen.

Ich rate Eltern immer, ihre Kinder in alle bedeutenden Begebenheiten und Vorfälle mit einzubeziehen – in Hochzeiten und Beerdigungen. Kinder müssen dabei sein und ihre Toten ebenfalls betrauern dürfen. Denn zusammen zu weinen gehört dazu, wenn man Teil einer Gemeinschaft ist.

Mit fünf Jahre alten Kindern über den Tod zu sprechen ist weitaus einfacher als mit einem Achtjährigen. Schulkinder sind schon sachlicher, der Horizont eines Fünfjährigen dagegen lässt mehr Raum für Mysterien. Was geschieht nach dem Tod mit uns? Was wird dann aus uns? Vielleicht leben wir auf eine andere Weise weiter, vielleicht auch nicht – der Fünfjährige ist für alles offen.

Die Kunst, miteinander zu reden

Viele Eltern sagen mir, dass es schwierig sei, mit ihren Kindern zu reden. Dass sie nicht wissen, was sie ihre Kinder fragen sollen, für welche Themen sie sich interessieren, dass sie es schwierig finden, den richtigen Ton anzuschlagen, um ein Gespräch am Laufen zu halten. Das Sprachvermögen des Kindes entwickelt sich zwischen zwei und sechs Jahren enorm. Je älter die Kinder sind, umso größer sind auch die Unterschiede zwischen ihnen. Wann jedes einzelne Kind welchen Schritt machen wird, lässt sich nicht genau sagen, aber die Kinder genießen auf jeden Fall den sprachlichen Austausch mit Ihnen und sind auch darauf angewiesen. Das gilt sowohl für den Beginn des Spracherwerbs, wenn das Kind seine ersten Wörter sagt, wie auch für das Alter, in dem Wörter und Gedanken vermehrt miteinander in Beziehung gesetzt werden.

Die Kunst liegt darin, Themen zu finden, über die sich die Kinder gerne unterhalten – und die Erwartungen nicht zu hoch zu schrauben. Wird einem Zweijährigen die Frage gestellt, wie sein Tag war, hat er kein großes Interesse daran, darüber zu sprechen. Ein Fünfjähriger dagegen wird wie ein Wasserfall davon erzählen, was er tagsüber erlebt hat und wie alles war.

Ist das Sprachvermögen des Kindes allmählich voll ausgereift, sollten Sie den Kindern kleine Anreize geben, Dinge, die sie aufgreifen können. Nach dem Sinn des Lebens brauchen Sie sie noch nicht zu fragen, Sie sollten sich aber so stark für ihren Alltag interessieren, dass Sie einen Ausgangspunkt für ein Gespräch haben. Nehmen Sie Ihren Wochenplaner zu Hilfe, schauen Sie sich gemeinsam Bilder aus der Kita an oder suchen Sie andere geeignete Anknüpfungspunkte. Kinder kennen nichts Schlimmeres als Warum-Fragen, diese werden nie beantwortet. Fragen, auf die man mit Ja oder Nein antworten kann, lassen wiederum kein Gespräch entstehen, solcher Austausch bekommt mit der Zeit vielmehr den Charakter eines Verhörs und bringt auch keinen Spaß. Reden Sie lieber auf andere Weise miteinander: «Ich habe gesehen, dass ihr heute mit der Kita einen Ausflug gemacht habt. Wo wart ihr denn? Was habt ihr gemacht?» Oder: «Hat Cato

> Kinder müssen laufend ihren Wortschatz um Wörter erweitern, mit denen sie ihre Gefühle ausdrücken und diese thematisieren können. Fehlt ihnen das Vokabular für ihr Gefühlsleben, können sie sich nur schwerlich Hilfe suchen, wenn sie mit Problemen konfrontiert sind.

heute das Essen im Kindergarten gekocht? Was gab es denn?» Kinder werden häufig etwas ganz anderes erzählen als das, wonach Sie gefragt haben, aber dann sollten Sie besonders gut zuhören und verfolgen, worum es geht, denn eben das sind die Dinge, die ihnen wichtig sind, die die Kinder Sie wissen lassen möchten.

Viele Zwei- und Dreijährige sind derart auf den Moment fixiert und so im Hier und Jetzt verankert, dass es nicht viel Sinn macht, mit ihnen über die Ereignisse des Tages zu reden. Sie sollten sich aber dennoch in dem Maße für das interessieren, was sie in ihrem Leben beschäftigt, dass Sie die Kinder zum Sprechen animieren können. Sie müssen Ihrem Kind zeigen, dass Sie für es da sind, dass Sie ihm zuhören – dass Sie dem Gesagten Aufmerksamkeit schenken und die Antworten, die Ihr Kind Ihnen gibt, akzeptieren. Gespräche sollten etwas Positives sein. Kindern kommt es eigentlich nur darauf an, dass Sie ihnen wirklich Gehör schenken und dem, was sie sagen, nachgehen.

Zeigen Sie sich nicht aufrichtig interessiert an dem, was Ihr Kind erzählt, wird es irgendwann nicht mehr mit Ihnen reden. Dann entgeht Ihnen all das Phantastische, was im Alter der aufblühenden Phantasie existiert, und das Kind wird später, wenn es älter ist, nicht mehr mit Ihnen über das sprechen, was in seinem Leben vor sich geht. Möchten Sie, dass Ihr Kind später als Teenager zumindest noch ein paar Worte mit Ihnen wechselt, sollte es sich jetzt schon daran gewöhnen, Gespräche mit Ihnen zu führen. Ihr Kind muss merken, dass Sie sich für seine Belange interessieren, das ist das A und O. Hat Ihr Kind in der Kita ein Bild gemalt, das eher nach Gekritzel aussieht, sollten Sie dies nicht zuunterst in den Rucksack stopfen, sondern das Blatt glätten und in eine extra Tasche tun. Zu Hause sollten Sie es sich zusammen anschauen. Das Kind hat viel Zeit darauf verwandt – zeigen Sie ihm, dass Ihnen das etwas bedeutet. Äußern Sie nicht nur Ihre Anerkennung oder sagen, dass es schön geworden ist, sondern erkundigen Sie sich, was das Gezeichnete darstellt und wie das Kind dieses Bild gemalt hat, nehmen Sie aufrichtig Anteil daran. So kann aus einer Kritzelei ein schöner Moment des Austausches erwachsen.

Sagen Kinder immer die Wahrheit?

Sie sollten hinhören, wenn Ihr Kind etwas sagt – aber heißt das auch, dass alles, was das Kind behauptet, wahr ist? Im Kindergartenalter schlägt die Phantasie der Kleinen viele Purzelbäume, und so manches von dem, was sie beschäftigt, ist eine Mischung aus Gefühlen, Zusammenphantasiertem und tatsächlichen Erlebnissen. Problematisches wird häufig im Spiel verarbeitet, und es ist eine große Herausforderung, festzustellen, ob das Spiel der Kinder etwas widerspiegelt, was tatsächlich geschehen ist, oder etwas, das zum Glück nicht passiert ist.

Mich hat kürzlich ein Paar aufgesucht, dass sich nach dem Seitensprung einer der Partner getrennt hat. Die Trennung war schmerzhaft, und die Auseinandersetzungen darüber, wie die beiden um ihrer Kinder von vier und acht Jahren willen zusammenarbeiten wollten, erforderte viele Meditationsgespräche. Die Frau vertraute ihrem Exmann einfach nicht. Als ihr mittlerweile fünf Jahre alter Sohn eines Tages nach Hause kam und erzählte, dass Papas neue Freundin ihn gekniffen und geschlagen hätte, war die Mutter ganz außer sich und verbot dem Vater, das Kind weiterhin bei sich zu Hause zu sehen. Der Vater wiederum konnte nicht begreifen, woher diese Geschichte stammte, denn seine neue Freundin war nie allein mit dem Jungen gewesen, und sie schienen einander außerdem zu vergöttern.

Was also war passiert, woher kam diese Geschichte?

Was wirklich wahr ist, ist eben gar nicht so einfach zu ermitteln. Als Erwachsener müssen Sie die Gesamtsituation betrachten und die Äußerungen des Kindes so interpretieren, dass die womöglich dahinter steckende eigentliche Aussage ans Tageslicht kommt. Außerdem sollten Sie vor dem Kind Ihre eigenen Ängste verbergen, was da vorgefallen sein könnte. Sagt Ihr Kind etwas, das Sie beunruhigt, sollten Sie unbedingt genau hinhören, was es erzählt, und es fertig erzählen lassen, ohne vorher Ihre eigenen Schlussfolgerungen zu äußern. «Puh, wie schrecklich. Erzähl mir mehr, was ist passiert?», ist fast immer die beste Anschlussfrage. Hat das Kind das erzählt, wozu es in der Lage ist, können Sie sagen, dass Sie später noch einmal darüber sprechen. Dann müssen Sie Folgendes einschätzen: Woher kommt das Gesagte und worum geht es dabei?

Die Mutter des fünfjährigen Jungen wandte sich an das Kitapersonal und erfuhr, dass man dort gerade ein Märchen gelesen hatte, in dem eine Stiefmutter ein Mädchen geschlagen hatte, vielleicht kam die Geschichte ja daher? Sie berichteten der Mutter auch, dass der Junge an den Tagen, an denen er wieder von der Mutter zum Vater sollte und umgekehrt, oft unruhig sei. Diese Übergänge kosteten das Kind viel Kraft. Als der Junge zu Hause war, fragte die Mutter ihn, ob es schwierig für ihn sei, an zwei Orten zugleich zu leben. Er sagte Ja und erzählte, dass er die Freundin des Vaters gern mochte, aber fürchtete, seine Mutter könne etwas daran auszusetzen haben, dass er gern dort war.

Diese Aussage war sehr wichtig: Der Junge hatte sich einfach nicht entspannen können, weil er wusste, wie verletzt seine Mutter war. Er brauchte die Gewissheit, dass seine Eltern ihren Konflikt beigelegt hatten. Das Märchen aus dem Kindergarten hatte sich somit unter etwas gemischt, das er seiner Mutter erzählt hatte, um sie froh zu stimmen, auch wenn das letztlich nur Besorgnis hervorgerufen hatte.

Das Letzte, was er in dieser Situation gebrauchen konnte, war der Vorwurf, gelogen zu haben – der Junge hatte einfach nur etwas auf eine Weise erzählt, wie Fünfjährige es eben tun. Kinder müssen Gehör finden, können aber nur auf ihre eigene Art etwas erzählen. Hören Sie als Erwachsener nicht heraus, dass es Ihrem Kind nicht gutgeht, dass etwas anderes dahintersteckt, lassen Sie es im Stich. Nehmen Sie dagegen alles für bare Münze, was es sagt, berücksichtigen Sie nicht angemessen das Alter und den Reifegrad des Kindes.

Über Gefühle sprechen!

Vor ein paar Tagen suchte mich ein Ehepaar in meiner Praxis auf, das viele Jahre miteinander verheiratet war. Der Mann sah auf den Tisch hinunter, seine Frau saß neben ihm. Ihm fiel es schwer, die richtigen Worte zu finden. Es schien, als wäre er nicht in der Lage, zu formulieren, wie es ihm ging, als hätten die Gefühle keinen Namen. Wann immer sich in ihrer Beziehung etwas zutrug,

IHR HABT MICH NICHT RICHTIG ERKANNT

Manchmal haben Sie es mit Kindern zu tun, die sich nicht so verhalten, wie sie es sollten – die nicht essen, die andere Kinder im Kindergarten schlagen oder an den Haaren ziehen. Oder aber Sie selbst haben ein Kind, von dem Sie enttäuscht sind. Das sich die Windeln nicht abgewöhnen will, das beißt, nachts einnässt, das überstürzt handelt und grob ist, das alle hässlichen Wörter kennt, bevor es dies tun sollte. Ein Kind, das sich zurückzieht, das dichtmacht, sich verschließt. Ein Kind, das «Ich hasse dich!» schreit.

Im Umgang mit diesen Kindern ist es immer falsch, sie in solchen Momenten von sich wegzuschieben, sich von ihnen abzuwenden oder sie zu bestrafen. Im Gegenteil – Sie sollten sich dem Kind nähern, ihm in die Augen blicken, versuchen, mit ihm zu reden, sich ihm ehrlich zuwenden.

Denn diese Kinder äußern dadurch eigentlich nur eines: «Ihr habt mich noch nicht richtig erkannt.»

hatte er mit Schweigen und Sprachlosigkeit reagiert. Sie hatte das Gefühl, dass er ihr mehr und mehr entglitt, während er sein Befinden immer nur einsilbig als «gut» bezeichnete.

Irgendwann während unserer Sitzung sah er auf einmal auf und blickte mich verzweifelt an: «Ich weiß nicht, wonach Sie mich da fragen. Niemand hat mich jemals ehrlich gefragt, wie es mir geht. Deshalb sage ich immer nur ‹gut›, und das hat bislang auch funktioniert. Aber ich merke jetzt, dass meine Frau und ich uns voneinander entfernen und ich nur noch eine leere Hülse bin.»

Das war im Grunde ein schöner Moment, ein erster zaghafter Schritt hin zu etwas, das dieser erwachsene Mann schon als Kind bitter nötig gehabt hätte, zu einer Erkenntnis, zu der ich ihm erst verhelfen musste: dass jemandem etwas an ihm liegt.

Fragt uns jemand: «Wie geht's?», liegt uns die Antwort «gut» häufig auf der Zunge – egal, ob es nun stimmt oder nicht.

Weshalb ist es also so wichtig, seine Gefühle auch in Worte fassen zu können? Viele Menschen glauben vielleicht, Gefühlen würde ein zu hoher Stellenwert eingeräumt. Ist es wirklich nötig, sich so stark damit auseinanderzusetzen, wie das Kind die Welt um sich herum erlebt?

Teilen wir Menschen unsere Gefühle miteinander, bringt uns das einander näher – so nahe wie kaum etwas anderes. Auf diese

Weise sagen wir dem anderen, wer wir sind, so gehen wir aufeinander zu, begegnen einander.

Können Sie Ihre Gefühle einordnen, sind Sie mit ihnen vertraut, hilft Ihnen das in vielerlei Hinsicht: Gefühle zeigen einen Weg, eine Richtung auf, geben einem Anhaltspunkte. Sie sagen Ihnen, was Sie wirklich möchten oder nicht, was Sie mögen oder was Sie am liebsten vermeiden wollen. Nicht immer sind unsere Gefühle der einzige Gradmesser, aber spüren Sie ihnen niemals nach, gehen Sie nie achtsam mit sich und Ihren Gefühlen um, ist das Risiko groß, dass Sie immerzu Ja sagen – oder Nein.

Ihr Kind braucht Sie, um einen Zugang zu seinen eigenen Gefühlen zu finden. Wird es älter und sein Gehirn kann komplexere Dinge verarbeiten, benötigt Ihr Kind einen entsprechend größeren «Gefühls-Wortschatz» und muss besser über seine Gefühle Bescheid wissen. Und es muss darauf bauen können, dass Sie all seinen Gefühlen mit Respekt begegnen und ihnen Raum geben.

Gelingt Ihnen das, werden Sie dem Kind dadurch das nötige Rüstzeug mitgeben, damit es eines Tages sein Leben erfolgreich selbst in die Hand nimmt.

So helfen Sie Ihrem Kind, anderen Menschen näher zu kommen – und sich selbst näher zu sein.

Viele glauben außerdem, dass positives Denken bedeutet, alles Negative unter den Teppich zu kehren. Das ist ein Irrtum. Die wahren Optimisten denken auch dann noch, dass am Ende alles gut ausgehen wird, *obwohl* ihnen gerade alles schwierig und aussichtslos erscheint.

Die wahren Optimisten sind in der Wirklichkeit verhaftet. Sie wissen, dass es einem eine Hilfe ist, mit anderen zu kommunizieren und ihnen nahezukommen, selbst wenn einmal nicht alles rundläuft. Das gibt ihnen den Mut, das Erforderliche zu tun, und bietet die Chance, das Blatt zu wenden.

Wer Probleme verdrängt, wird mit der Zeit den Glauben daran verlieren, dass die Dinge sich zum Guten wenden werden.

Unser Leben ist mit schmerzhaften Erfahrungen nur so gepflastert – Auseinandersetzungen, Enttäuschungen, Krankheiten und Herzschmerz. Es wird immer mal wieder so kommen, dass sich das Leben schwierig gestaltet. Lernt Ihr Kind aber, dass Probleme etwas sind, das es zu verdrängen gilt, etwas, über das man sich nicht miteinander austauscht, vermittelt ihm das die Botschaft, dass es allein dastehen wird, wenn ihm selbst eines Tages etwas Negatives widerfahren sollte.

Langfristig gesehen hält kein Kind es aus, allein auf sich gestellt zu sein.

Und deshalb sollten Sie Ihr Kind auf seiner «Gefühls-Reise» begleiten, sollten ihm beim Entdecken und Benennen seiner Gefühle zur Seite stehen. Geben Sie ihm genügend Raum dafür, lachen und weinen Sie miteinander, wenn es dazu Anlass gibt, und versuchen Sie, so gut es eben geht, auch über schwierige Angelegenheiten zu sprechen. Reden Sie über Gefühle.

Davon profitieren Sie, und davon profitiert Ihr Kind. Darüber hinaus festigt das die so wichtige Bindung zwischen Ihnen.

MISSBRAUCH UND RISIKO

Sexueller Missbrauch, der gewaltsame Übergriff auf ein Kind gehört zu den schlimmsten Erfahrungen, die ein Kind machen kann, und beraubt es jeglichen Selbstwertgefühls und jeder Hoffnung. Kinder haben eine kindliche Sexualität, sind auf ihren Körper und den anderer auf eine kindliche Art neugierig. Sexuelle Gelüste, wie Erwachsene sie haben, sind ihnen fremd, sie verstehen sie noch nicht, sie flößen ihnen Angst ein – und fügen ihnen Schaden zu.

Sexueller Missbrauch geschieht dennoch häufiger, als viele glauben. Kommt es dazu, hilft es dem Kind, wenn es darüber sprechen kann, wenn ihm geglaubt wird und man ihm aus seiner Situation heraushilft. Müssen sie einen Missbrauch jahrelang für sich behalten, wird diese Erfahrung zu einem schmerzhaften und schädlichen Krebsgeschwür, das immer weiter wächst und einen auffrisst.

Sie können einem Missbrauch durch zwei Dinge vorbeugen:

1. **Geben Sie Ihrem Kind eine Sprache für die Sexualität**. Über seinen Penis reden zu können, zu wissen, wie Kinder entstehen, und dass Erwachsene diese körperliche Nähe namens Sex auch miteinander teilen, wenn sie keine Kinder machen, dass das zu einem Liebes-

leben dazugehört, sorgt dafür, dass das Kind Wörter für Sexuelles kennt, die ihm von Nutzen sind, falls ihm ein Missbrauch widerfährt.

2. **Hören Sie Ihrem Kind zu, wenn es Ihnen sagt, dass es sich in der Gesellschaft von einem Erwachsenen nicht wohlfühlt.** Das kann sich auch auf Menschen erstrecken, die Sie selbst mögen, selbst auf Großeltern oder Freunde der Familie. Die Sexualität eines jeden Menschen ist etwas Privates, und wir kennen häufig nicht die innersten Seiten anderer. Erfährt Ihr Kind Missbrauch, sollten Sie es beschützen und nicht an Ihrer Vorstellung von anderen Personen festhalten, über die Sie in Wirklichkeit nicht genug wissen.

WAS TUN BEI BESONDEREN SCHWIERIGKEITEN?

Vielleicht vermuten Sie schon eine ganze Weile, dass Ihr Kind sich nicht wie «andere Kinder» entwickelt oder nicht so zu sein scheint wie diese. Vielleicht kennen Sie auch den Grund dafür – dass Ihr Kind ein Frühchen war oder es einen Gendefekt hat, mit dem zu leben Sie allmählich lernen. Vielleicht wird aber auch erst jetzt, wenn Ihr Kind ein Alter erreicht hat, in dem Sie es leichter mit anderen vergleichen können, wirklich deutlich, dass etwas mit ihm anders ist.

Ausdrücken kann sich so etwas auf vielerlei Weise: Lernschwierigkeiten, körperliche Beschwerden, die eine «normale» Entwicklung hemmen, oder geistige oder körperliche Entwicklungsverzögerungen. Manche Kinder sind nun mal nicht so wie andere, entwickeln sich nicht nach «Schema F». Meistens steckt bei solchen «Auffälligkeiten» gar nicht viel dahinter, und bei vielen vermeintlichen «Sorgenkindern» ist alles in Ordnung. Weil es aber so wichtig ist, das Kind mit all seinen Seiten richtig zu erkennen und ihm gerecht zu werden, und weil ein frühzeitiges Eingreifen, vom Kindergartenalter an aufwärts, dabei helfen kann, dass Probleme sich erst gar nicht entwickeln oder nicht größer werden, als sie bereits sind, sollte man seiner Besorgnis immer gleich nachgehen. Suchen Sie Ärzte auf, wenden Sie sich an Beratungsstellen oder beziehen Sie die Erzieher des Kindergartens mit ein: «Ist Ihnen etwas beim Kind auffällig erschienen, und wenn ja, was?»

Elisabeth hat eine entzückende und aktive, aber auch unruhige Tochter von zweieinhalb Jahren. Die Kleine war ein Wunschkind, aber ihre Mutter wusste vor ihrer Geburt kaum etwas über Kinder und Kindererziehung, sie hatte vorher noch nie ein Baby im Arm gehalten. Bei der Geburt lief alles nach Plan, und sie wurde mit einem gesunden Kind entlassen. Ihre Tochter war nur schwer zu beruhigen, wie sich bald herausstellte, aber Elisabeth dachte, dass das bei kleinen Kindern eben so sei. Erst im Austausch mit anderen Müttern, als die Kinder miteinander zu spielen begannen und mit Bauklötzen bauten, fiel Elisabeth bewusst auf, dass ihr Kind gerade erst angefangen hatte, zu laufen. Als sie das dem Kitapersonal gegenüber ansprach, sagte man ihr, dass ihre Tochter wenig

Kontakt zu anderen Kindern suchte, dass sie nur schwer zur Ruhe kam und kaum jemals dazu animiert werden konnte, an gemeinsamen Aktivitäten und Vorhaben teilzunehmen. Auch sprachlich lag sie weit hinter den anderen Kindern zurück. Elisabeth erzählte mir, dass sie sich dumm vorgekommen sei, weil ihr das bisher entgangen war.

Manchmal ist das aber so: Wir Eltern nehmen ein Kind – das unsere – wahr, und nehmen es als alleinigen Maßstab.

Haben Kinder jedoch Probleme, zur Ruhe zu kommen, gibt es Anzeichen für körperliche oder geistige Entwicklungsstörungen oder bleiben sie in der Entwicklung weit hinter den anderen Kindern zurück, kann dies ernstere Ursachen haben und sollte weiterverfolgt werden. Gründe dafür kann es viele geben. Zuerst sollte das Kind ärztlich untersucht werden, um festzustellen, ob es eine körperliche Ursache für diese «Auffälligkeiten» geben könnte. Schlechtes Sehvermögen, Hörvermögen oder Allergien sind bei Kindern manchmal schwer zu diagnostizieren und können in dieser Altersstufe größere Auswirkungen haben. Steckt dergleichen nicht dahinter, wird die kindliche Entwicklung und die Lernfähigkeit des Kindes näher untersucht werden.

Es wird immer einen Prozentsatz an Kindern geben, die – vielleicht ihr Leben lang – mit besonderen Herausforderungen zu kämpfen haben werden. Gehört Ihr Kind zu dieser Gruppe, ist es besonders wichtig, sich mit den Problemen vertraut zu machen, damit Sie als Familie sich gegen das wappnen können, was womöglich auf Sie zukommt. Und so etwas verlangt Eltern viel ab.

Bei Kindern, die irgendwie anders sind, helfen auch keine «Standardratschläge». Entzieht sich das Kind jeglichen Kontaktversuchen, ist es nahezu unmöglich, eine Bindung zu ihm aufzubauen, wie in Schritt eins von mir beschrieben. Hier sind andere Anstrengungen, andere Vorgehensweisen vonnöten. Auch können Routinen und Konsequenzen auf einer ganz anderen Ebene erforderlich werden, als es bei anderen Familien nötig ist. Die Unsicherheit, die man bezüglich seiner Kinder verspürt, kann sich gerade in einem solchen Fall vervielfachen.

Häufig werden Sie auch damit konfrontiert sein, dass andere Eltern einfach nicht nachvollziehen können, vor welchen Schwierigkeiten Sie stehen. Während andere mit den Fortschritten ihrer Kinder angeben, sind es bei Ihnen vielleicht die ganz kleinen Erfolge, die zählen. In solchen Fällen ist es besonders wichtig, Unterstützung zu erfahren, und das nicht selten von Gleichgesinnten. Selbst enge Freunde können Ihre Situation manchmal nicht verstehen oder begreifen nicht, womit Sie sich herumschlagen. Mit anderen Worten: Sie können sich ziemlich einsam fühlen. Deshalb sollten Sie sich unbedingt informieren, Erklärungen für das «Anderssein» Ihres Kindes suchen und sich dort Hilfe holen, wo sie auch wirklich wertvolle Hilfe erhalten.

Elisabeth und ihre Familie mussten lange ergründen, was hin-

> Als Eltern sind Sie verantwortlich für Ihr Kind, wie auch immer es «geraten» ist. Wird einem im Alltag viel aufgebürdet, ist man noch stärker in der Pflicht.

ter den Auffälligkeiten der Tochter steckte. Schließlich stellte sich heraus, dass sie autistisch war. Einerseits war das eine Erleichterung – es gab einen Grund, weshalb sie anders als andere Kinder war. Andererseits brachte diese Diagnose großen Kummer und Verunsicherung mit sich. Die Diagnose selbst sagt wenig darüber aus, wie das Kind später im Leben zurechtkommen wird, was es lernen kann und was es niemals wird bewältigen können. Sie müssten einfach abwarten, sagten Ärzte und Fachleute der Familie immer wieder. «Es macht mich wahnsinnig, wenn die Leute sagen, dass es vielleicht gar nicht so schlimm steht und womöglich besser gehen kann, als wir glauben. Was für ein Trost ist das schon?», seufzte Elisabeth. Aber ich weiß, dass die Eltern fähige Unterstützung gefunden haben und viel darüber wissen, wie sie Zugang zu ihrer Tochter bekommen können, wie sie sie beruhigen und schöne Momente miteinander teilen können. Momente, die ihnen früher nicht vergönnt waren. Und das gibt ihnen etwas Hoffnung für die Zukunft.

In schweren Zeiten – wenn Ihr Kind eine Untersuchung nach der anderen über sich ergehen lassen muss und Ihr Alltag von übermäßigen Sorgen und Ängsten bestimmt ist – ist es umso wichtiger, dass Sie als Eltern sich trotzdem nicht dadurch lähmen lassen. Sie müssen aktiv werden, müssen die in Anspruch genommene Hilfe bewusst einsetzen und die Ihnen als Familie bleibenden Stunden gestalten. Anfangs werden Sie davon vollkommen vereinnahmt werden und Sie werden kaum an etwas anderes denken können. Bitten Sie Angehörige und Freunde um praktische Hilfe, zumindest für Dinge wie das Putzen und die Zubereitung von Mahlzeiten, vielleicht auch, um sich mal für einen Moment aufs Ohr legen zu können, während sich jemand anderes um Ihr Kind kümmert.

Nichtsdestotrotz bleibt die Hauptlast der Verantwortung bei Ihnen, und das in stärkerem Maße und länger als womöglich bei anderen Familien.

Für unsere Gefühle Verantwortung übernehmen

Ich habe heute noch ein schlechtes Gewissen, wenn ich daran denke, was ich meinem ältesten Sohn angetan habe. Damals war ich alleinerziehend und versuchte, so gut es ging, alles unter einen

**EINE KLEINE CHECKLISTE
FÜR ELTERN, DIE MIT
BESONDEREN SCHWIERIGKEITEN
KONFRONTIERT SIND:**

1. Machen Sie sich Sorgen um die Entwicklung Ihres Kindes, setzen Sie sich mit Ärzten, Fachleuten oder Beratungsstellen in Verbindung. Es ist wichtig, dass Sie um Ihres Kindes willen die «richtige» Hilfe erhalten.
2. Informieren Sie sich über die bei Ihrem Kind festgestellte Diagnose. Das Internet ist dabei nicht immer der beste Ratgeber. Holen Sie sich Unterstützung, um sich im Informationsdschungel zurechtzufinden.
3. Haben Sie den Mut, andere um Hilfe zu bitten. Gerade jetzt sind Sie darauf angewiesen, dass andere Sie unterstützen.
4. Erwarten Sie von anderen nicht, dass sie sich ebenso stark wie Sie mit den Problemen auseinandersetzen. Sie sind nicht so betroffen wie Sie und denken deshalb womöglich auch nicht so viel darüber nach.
5. Ihre eigentliche Aufgabe besteht darin, das Leben mit dem Kind zu meistern, das Sie bekommen haben. Manche Kinder stellen einen vor größere Herausforderungen als andere. Menschliche Beziehungen gründen sich jedoch immer auf Liebe. Machen Sie sich auf die Suche nach der Liebe und Freude, die Sie sich gegenseitig zu geben haben.

Hut zu bekommen. Ich glaube und hoffe, dass er nicht mitbekommen hat, wie hart das manchmal für mich war, obwohl ich nur zu gut weiß, dass ich nicht immer so für ihn da war, wie ich es hätte sein sollen. Ich erinnere mich noch an seinen ersten Schultag, wie er mit den anderen Kindern dort stand: mit neuem Ranzen, feinem Hemd und ordentlich gekämmtem Haar. Ich war stolz und auch etwas nervös, wie das eben so ist. Es war ein großer Moment, doch mich beschäftigte in diesen Tagen vor allem mein Liebeskummer.

Das Leben kann manchmal nicht einfach sein, aber wir Erwachsenen müssen für unsere Gefühle Verantwortung übernehmen, das sollte nie das Kind tun müssen.

Kinder sollten bei wichtigen familiären Ereignissen mit einbezogen werden und daran Anteil nehmen dürfen. Positive und negative Gefühle sollten geteilt werden, denn sie binden Eltern und Kinder auf eine begrüßenswerte Weise enger aneinander.

Geben Sie aber Sätze von sich wie: «Es macht mich traurig, wenn du so langsam gehst, weil ich dann zu spät zur Arbeit komme» oder «Wenn du hier im Geschäft weiterhin so schreist, ist mir das peinlich», vermitteln Sie Ihrem Kind den Eindruck, es sei für Ihre Gefühle verantwortlich.

Damit aber kann ein Kind nicht umgehen.

«Ich genieße es, mit dir zusammen zu spielen, das macht mich so froh!» ist dagegen eine positive Aussage. Damit hat das Kind das Gefühl, etwas Schönes mit Ihnen zu teilen. Gewinnt das Kind

SCHLEPPEN ELTERN ZU VIELE SORGEN UND NÖTE MIT SICH HERUM, VERBAUEN IHNEN DIESE HÄUFIG DEN KONTAKT ZUM KIND. AUCH ELTERN BRAUCHEN MOMENTE DER ENTSPANNUNG, MÜSSEN VON ANDEREN UNTERSTÜTZUNG ERFAHREN, UM IM ALLTAG EINMAL LUFT HOLEN ZU KÖNNEN.

allerdings den Eindruck, es müsse mit Ihnen spielen, damit Sie sich freuen, dann läuft etwas schief. Bekommt Ihr Kind mit, dass Sie etwas bedrückt, dass Sie sich einsam fühlen, zieht es daraus die Lehre, es müsse sich auf diese oder jene Weise verhalten, damit Sie glücklich sind, dann bürden Sie dem Kind eine zu große Last auf.

Ihre persönlichen Gefühle haben nichts mit Ihrem Kind zu tun.

«Bevor wir heute zusammen spielen, brauche ich erst mal einen Kaffee, ich bin so müde», können Sie durchaus sagen, aber nicht: «Puh, du machst mich ganz fertig.»

Haben Sie das Glück, Kinder zu haben, sind Sie in noch stärkerem Ausmaß als andere dafür verantwortlich, selbst gut für sich zu sorgen. Kinder brauchen Erwachsene, die ihr Leben im Griff haben. Haben Sie Kummer, leiden Sie unter Herzschmerz, haben Sie Ärger mit Ihrem Chef, befinden Sie sich in finanziellen Nöten oder sind Sie wegen des Verhaltens Ihrer Schwiegermutter außer sich, müssen Sie trotzdem Ihrer elterlichen Verantwortung gerecht werden. Sie müssen sich zusammenreißen, *Sie* tragen die Verantwortung. Sprechen Sie mit Freunden über Ihre Schwierigkeiten, wenden Sie sich mit Ihren finanziellen Problemen an die Bank, suchen Sie Hilfe bei anderen Erwachsenen.

Kinder können die Situation nicht beeinflussen, sie nicht ändern – sie können ihrer wütenden Mutter oder ihrem deprimierten Vater das Leben nicht leichter machen. Sie werden aber immer wieder Anstrengungen dahingehend unternehmen und daran scheitern, was ihnen eine solche Last aufbürdet, dass sie am Ende nur mit einem Gefühl zurückbleiben – dem Gefühl der Ohnmacht.

Das wird Ihr Kind völlig zermürben, es wird nicht länger auf seine eigenen Gefühle achten können – und schließlich auch nicht mehr die Gefühle anderer wahrnehmen. Und das ist zu viel für einen noch jungen Menschen.

EIN AUSBLICK

Eines Tages werden Sie ein letztes Mal mit Ihrem Kind den Kindergarten verlassen. Werden den mit Kakaospritzern übersäten Kinderrucksack, die Bastelarbeiten Ihres Kindes und die Wechselkleidung zusammensammeln und die Tür hinter sich schließen.

Jetzt beginnt ein neuer Lebensabschnitt – sowohl für Sie als auch für Ihr Kind. Nähert sich das Kind dem Einschulungsalter, werden manche Eltern das Gefühl haben, es sei noch nicht bereit für die Schule, während andere wiederum glauben, das Kind brauche unbedingt neue Herausforderungen. Wenn Ihr Kind sich zu diesem Zeitpunkt allein anziehen kann, allein auf die Toilette geht und seine persönlichen Dinge in eine Tasche packen kann, ist das nur positiv – solche Dinge machen es ihm einfacher, selbst zurechtzukommen. Ihr Kind sollte Kleidung haben, deren Knöpfe oder Reißverschlüsse es allein schließen kann, und Schuhe mit Klettverschlüssen – damit es das Gefühl hat, alles selbst meistern zu können.

Viele Eltern fragen sich jetzt, was ihr Kind bisher erreicht hat und was es kann. Wie gut beherrscht er oder sie alles Nötige? Bald werden die Kinder mit Leistungsanforderungen konfrontiert. Ich plädiere aber dafür, die Sache einfach aus einem anderen Blickwinkel zu betrachten und stattdessen darauf zu fokussieren, wozu das Kind schon in der Lage ist. Kann es bis hundert zählen, kennt es die Namen der Farben und die wichtigsten geometrischen Formen, so ist das gut und schön, doch das sagt nichts darüber aus, was es in diesen ersten Jahren tatsächlich fürs Leben gelernt hat.

Ihr Kind hat innerhalb weniger Jahre gelernt, zu laufen und davonzurennen, es kann sprechen und hat einen eigenen Sinn für Humor, Ihr Kind nimmt intuitiv Stimmungen im Raum wahr und stellt sich auf verschiedene Menschen ein.

Das, was Ihr Kind sich bis jetzt angeeignet hat, ist an und für sich schon ein Wunder – sie oder er hat schon einen weiten, beeindruckenden Weg zurückgelegt. Nehmen Sie das als Ausgangspunkt und konzentrieren Sie sich darauf.

Das Alphabet und das Einmaleins wird es schon noch lernen.

EIN DANKESCHÖN

Viele Menschen haben zu diesem Buch beigetragen, nicht nur unmittelbar, sondern auch durch ihre Artikel und Forschungen zum Thema. Auf dem Gebiet der Kindheitspsychologie tut sich einerseits viel, andererseits bleibt hier auch vieles beim Alten. Kinder bleiben Kinder, und menschliche Beziehungen, unsere Ängste und Sehnsüchte ändern sich kaum.

Der dänische Psychologe und Familientherapeut Jesper Juul mit seinem Netzwerk FamilyLab nimmt als Mensch und als fachliche Inspirationsquelle eine Sonderstellung für mich ein. Sein Eintreten dafür, Kindern respektvoll zu begegnen und auf sie einzugehen, hat in vielen Ländern die Sichtweise auf Kinder geändert, sodass man ihnen heute ein ganz anderes Verständnis entgegenbringt.

Neue Erkenntnisse über die kognitive Entwicklung von Kindern sind in dieses Buch ebenfalls stark mit eingeflossen. Die Psychologen Daniel Hughes und Daniel Siegel haben in den letzten zwanzig Jahren mit unschätzbar wertvollen neuen Ergebnissen zum Fachgebiet beigetragen.

Besonders danken möchte ich Per Eriksen, einem norwegischen Pionier auf dem Gebiet der Familientherapie. Dass es keinen Sinn hat, ein Kind losgelöst von seinen Eltern oder seiner Familie zu betrachten, geht auf ihn zurück. Gibt man Eltern Hilfe an die Hand, wird das immer auch Auswirkungen auf ihre Kinder haben. Eriksens Neugier und sein Optimismus in der Konfrontation mit schier unüberwindlichen Problemen begleiten mich jeden Tag bei meiner Arbeit.

Arne Jorgen Kjøsbakken ist nicht nur der netteste Mensch, den ich kenne, sondern auch mein Partner in der Praxis und mein bester Freund. Die kleine psychologische Wissenschaftsgemeinde, die wir begründet haben und die ständig anwächst und fruchtbare Diskussionen mit sich bringt, hat viel zu meiner fachlichen Weiterentwicklung beigetragen.

Den größten Beitrag zu meiner Arbeit aber leisten die Eltern, mit denen ich es täglich zu tun habe. Sowohl in meiner Praxis als auch auf meinen Vorträgen komme ich mit Eltern, Erziehern und anderen Fachleuten in Kontakt, mit denen ich mich über alle möglichen Fragestellungen, Geschichten und Problemstellungen auseinandersetzen und austauschen kann. Das motiviert mich immer wieder dazu, meine Kenntnisse auszuweiten und andere daran teilhaben zu lassen. Mein herzliches Dankeschön gilt deshalb allen, mit denen ich es jeden Tag als Therapeutin zu tun habe, die Fragen an mich richten, sich meine Ratschläge anhören, die in unseren Gesprächen geweint und gelacht haben. Ich wünschte, im Alltag wäre noch viel mehr Zeit für solche Begegnungen.

Last but not least möchte ich auch meiner geliebten Familie danken, meinem Partner und meinen drei Söhnen. Kjetil, Max, Klas und Mikkel: Ohne eure Unterstützung, eure Geduld und euch als Sparringpartner hätte es mir an so mancher Einsicht gefehlt.

EINE KLEINE LITERATURLISTE

Dunn, Judy; Plomin, Robert: Warum Geschwister so verschieden sind. Klett-Cotta 1996.

Dweck, Carol S.: Selbstbild. Wie unser Denken Erfolge oder Niederlagen bewirkt. Piper 2016.

Juul, Jesper: Dein kompetentes Kind. Auf dem Weg zu einer neuen Wertgrundlage für die ganze Familie. Rowohlt 2009.

Juul, Jesper: Aggression – Warum sie für uns und unsere Kinder notwendig ist. Fischer Taschenbuch 2014.

Powell, B.; Cooper, G.; Hoffman, K.; Marvin, B.: Aufwachsen in Geborgenheit. Wie der «Kreis der Sicherheit» Bindung, emotionale Resilienz und den Forscherdrang Ihres Kindes unterstützt. Arbor 2019.

Siegel, Daniel J.; Hartzell, Mary: Gemeinsam leben, gemeinsam wachsen: Wie wir uns selbst besser verstehen und unsere Kinder einfühlsam ins Leben begleiten können. Arbor 2009.

Das für dieses Buch verwendete Papier ist FSC®-zertifiziert.